REFLEXIONES CON LA MADRE TERESA

REFLEXIONES CON LA MADRE TERESA

*Un diario semanal
de plegarias y
meditaciones bíblicas*

Preparado por
Eileen Egan
Kathleen Egan, O.S.B.

Traducción de Vicente Echerri

Primera edición en español de Random House Español, 2003

Traducción copyright © 2003 por Random House Español, una división de
Random House, Inc.

Todos los derechos reservados conformes a las Convenciones de Registros
Literarios Internacionales y Panamericanas (International and Pan-American
Copyright Conventions). Publicado en los Estados Unidos por Random House
Español, una división de Random House, Inc., Nueva York, y simultáneamente
en Canadá por Random House of Canada, Ltd., Toronto. Fue publicado por
primera vez en inglés, en 1989, por la casa editorial Image Books, una división
de Doubleday, una división de Random House, Inc., bajo el título *Prayertimes
with Mother Teresa*. Copyright © 1989 por Eileen Egan y Kathleen Egan,
O.S.B.

Los textos bíblicos han sido tomados con autorización de la edición española
de la *Biblia de Jerusalén*. Copyright © 1998 por Editorial Desclée De
Brouwer, S.A. — Bilbao.

La información CIP (Clasificación de publicación) se dispone a petición.

Edición a cargo de Mary Lee.
Traducción de Vicente Echerri.
Diseño del libro y la cubierta por Tigist Getachew.
Producción del libro a cargo de John Whitman y Lisa Montebello.

ISBN 1–4000-0298-2
Primera edición

Impreso en los Estados Unidos de América
10 9 8 7 6 5 4 3 2 1

Esta invitación a orar está dedicada
a la memoria del hermano John Mark Egan,
CFC de Iona College, New Rochelle, Nueva York.
Su especialidad fue el consejo pastoral;
su profesión, el amor que se expresa a través
de las obras de caridad.

ÍNDICE GENERAL

REFLEXIÓN INTRODUCTORIA   1

EL USO DE ESTAS PLEGARIAS Y MEDITACIONES   11

LAS SEMANAS

1a.   Un segundo llamado   18

2a.   Dejen que Jesús nos use sin consultarnos   20

3a.   Pedir y creer   22

4a.   Jesús, enmascarado en el sufrimiento   24

5a.   De las calles de Calcuta a las puertas
         de todo el mundo   26

6a.   Una oración de la Madre Teresa   28

7a.   En el calvario de nuestro pueblo   30

8a.   El trabajo de hoy: el trabajo de mañana   32

9a.   El dinero no basta   34

10a.   La amargura de una enfermedad infecciosa   36

11a.   Una vida entera compartiendo   38

12a.   La pobreza es amor antes de ser renuncia   40

13a.   Algo hermoso para Dios   42

14a.   Tengo sed   44

15a.   Dios tiene sus propios medios   46

16a.   Tú eres precioso para mí   48

17a.   Todas las personas, nuestros hermanos y hermanas   50

18a.   La mayor injusticia   52

19a.   Cristo ama con mi corazón   54

20a.   Mostrar amor   56

21a.   La continuidad del amor   58

22a.   Hay personas cayéndose   60

23a.   Ella era toda para Dios   62

24a.   La peor enfermedad: el mayor azote   64

25a.   El gozo, fruto del Espíritu Santo   66

26a.   Una gota en el océano   68

27a.   Todo es «el fruto del amor»   70

28a.   El límite del amor: la cruz   72

29a.   Déjenlo que ore en mí   74

30a.   Ellos tienen su dignidad   76

31a.   La imagen de Dios está en este niño nonato   78

32a.   Un lapicito en las manos de Dios   80

33a.   Grandeza de los pobres   82

34a.   Empiecen con el «Padrenuestro»   84

35a.   Tenemos que lanzarnos en la pobreza   86

36a.   Perdonar por amor, olvidar por humildad   88

37a.   Aquellos cuyas lágrimas se han secado   90

38a.   La paz es su compañera ahora   92

39a.   Dios no puede llenar lo que está lleno   94

40a.	¿Tienen los pobres seguro médico?	96
41a.	La oración, algo para esperar con ilusión	98
42a.	Di que sí a Jesús	100
43a.	Dios no se impone	102
44a.	El gozo de Cristo resucitado	104
45a.	Un signo de Su amor	106
46a.	Aprende a orar por medio del amor	108
47a.	Yo no lo entiendo	110
48a.	Sufrimiento redentor	112
49a.	¿Malgastamos nuestra preciada vida?	114
50a.	Gozo, una red de amor	116
51a.	Cada acto de amor, una oración	118
52a.	No podemos dar lo que no tenemos	120

UN RETIRO EN EL ESPÍRITU DE LA MADRE TERESA
Y DE LAS MISIONERAS DE LA CARIDAD   123

FUENTES   155

REFLEXIÓN INTRODUCTORIA

Entrevistador: Madre Teresa, usted ama a personas a quienes
                  otros consideran desechos humanos. ¿Cuál
                  es su respuesta?

Madre Teresa: Mi secreto es sencillo. Yo oro.

En el año del milésimo aniversario de la introducción del cristia-
nismo en Rusia, el Milenio, una mujer menuda de 78 años, encor-
vada por la edad, recibió una invitación para llevar a cabo una tarea
sin precedentes en la historia de la Unión Soviética desde el triunfo
de su revolución. A la Madre Teresa le pedían que llevara un equipo
de Misioneras de la Caridad a ese país para emprender una labor
caritativa.

La Unión Soviética había eliminado los programas de caridad pri-
vada y, en particular, los auspiciados por instituciones religiosas. Las
necesidades de los ciudadanos habían de ser atendidas, en teoría, por
diversas organizaciones estatales. Sin embargo, ella había recibido la
invitación formal y el 15 de diciembre de 1988 la Madre Teresa, acom-
pañada por la hermana Mala, la religiosa india que habría de ser la
superiora del equipo, estaba en Moscú haciendo los preparativos para
iniciar el trabajo entre niños con diversas discapacidades.

Antes de salir para la capital soviética, la Madre Teresa había estado hablando conmigo acerca de la nueva empresa.

«La invitación estaba fechada el 8 de diciembre —me dijo—. Firmaremos un contrato, y luego llevaremos a las otras hermanas. Ellas están en Roma, y han estado estudiando ruso. Las autoridades soviéticas les enviaron libros de gramática hace algún tiempo. Alguien del Consulado Soviético las ha ayudado a practicar el idioma.

«Todas ellas son hermanas indias. Existe una buena amistad entre los indios y los rusos. Una de las hermanas ha estado en Polonia. El hablar polaco le facilitará las cosas».

Sólo una semana antes, el 7 de diciembre de 1988, un devastador terremoto había asolado el territorio de la Armenia soviética, matando instantáneamente a miles de personas y sepultando a otras tantas bajo montañas de escombros.

«Iré al lugar del terremoto, a Armenia —dijo la Madre Teresa—. Tal vez pueda ayudar allí tanto como en Moscú. Luego necesitaría más hermanas».

En lugar de abrir una casa en la Unión Soviética, la Madre Teresa abrió dos, la casa de Moscú el 22 de diciembre, y una casa en la Armenia soviética el 26. Las hermanas se verían inmersas en el trabajo con los niños que habían sido desenterrados de las ruinas, que habían perdido padres y familia, y que se enfrentaban a la vida con espíritus y miembros magullados, con lesiones en el cuerpo.

Antes de salir para Moscú, la Madre Teresa había llevado a un equipo de hermanas a trabajar en un municipio cercano a Ciudad del Cabo, Sudáfrica. Mientras andaba entre las hileras de chozas miserables, se sentía alentada por la recepción que había recibido de las personas que habían sido obligadas a reasentarse allí.

«La gente ha sufrido tanto allí —me dijo—. Se sintieron tan felices cuando les llevé a las hermanas: una hermana negra de Kenia, dos hermanas de la India, y dos hermanas blancas, todas juntas».

Nuestro sangriento siglo se había destacado por una crueldad casi insaciable. Una Segunda Guerra Mundial destruyó ciudades y habitantes; un pueblo entero fue sometido a un holocausto inenarrable; revoluciones violentas y desplazamientos masivos de personas dejaron como secuela millones de refugiados en Europa, Asia, el Oriente Medio, África y Centroamérica. Frente a este cuadro, la Madre Teresa llegó a ser la encarnación viviente de una infatigable compasión. Encarnaba la misericordia más allá de todas las barreras de raza, color y credo, e incluso trascendía las fronteras de la política, las ideologías y las naciones. Ya las Misioneras de la Caridad estaban trabajando en Alemania Oriental, en Polonia y en Yugoslavia. Con las casas de la Unión Soviética, el número de centros dirigidos por las hermanas ascendía a 401, repartidos en 80 países del globo. Entre las hermanas había mujeres de todos los continentes.

Hasta los gobiernos se quedaban desarmados por la manera pura en que la Madre Teresa se acercaba a los seres humanos y sus necesidades. Cuando, por invitación de un obispo, ella fue a Cuba, se entrevistó con el premier de Cuba, Fidel Castro, y le sacó a colación el tema de las necesidades de los pobres. El Primer Ministro le explicó que el estado se había organizado para darle al pueblo lo que necesitaba.

«Pero no le puede dar amor», comentó la Madre Teresa, señalando amablemente con absoluta precisión lo que ni aun el estado mejor dirigido* era capaz de ofrecer. No pasaría mucho tiempo antes de que un equipo de las Misioneras de la Caridad estuviera en La Habana atendiendo a los pobres con enfermedades terminales. Sólo en Pekín rechazaron su oferta de una obra de misericordia.

La invitación a Moscú surgió de la exhibición de la película documental *Madre Teresa* en el Festival Internacional de Cine celebrado en Moscú en 1987. Ann y Jeanette Petrie, productoras del filme, reportaron que muchas personas del público estaban visiblemente conmovidas hasta las lágrimas y expresaron su reconocimiento con una ovación. La película ganó el Premio del Comité Soviético por la Paz, y posteriormente la Madre Teresa misma recibió la más alta condecoración —una medalla de oro— que otorgaba ese Comité. Ella la aceptó en nombre de los pobres del mundo.

---

* Que no es precisamente el caso de Cuba. (N. del traductor)

Calcuta

Unos 40 años antes, la Madre Teresa se había echado a andar sola por las calles de una ciudad castigada, Calcuta, capital de Bengala, una provincia que parecía dejada de la mano de Dios, donde se encontró con refugiados sin hogar que morían a sus pies. Ella ya era una mujer de oración antes de enfrentarse con la miseria sin límites causada por la llegada de cuatro millones de refugiados indigentes provenientes de la frontera cercana. Hasta los dieciocho años, había vivido en el seno de una devota familia de Skopje, Yugoslavia, un lugar de encuentro de variadas culturas y tradiciones religiosas. Durante veinte años había seguido una profunda vida de oración como hermana religiosa.

Cuando la Madre Teresa recogió a la primera mujer moribunda de una calle de Calcuta, un guiñapo humano apenas reconocible, sucia de tierra y salivazos, no sabía que esta acción de rescate sería la primera de miles de millares. En las décadas subsecuentes, una fila interminable de seres humanos desolados habría de ser librados de morir como animales en las cunetas. Ni podía ella soñar que llegaría a vincularse de manera tan inextricable a las agonías de Calcuta, que el nombre de la ciudad pasaría a formar parte del suyo propio.

De haber dependido tan sólo de la simpatía humana, ¿podía esa compasión haber sobrevivido los próximos 40 años de servir a los más pobres de los pobres dondequiera que se encontraran? ¿Podía esa compasión haber resultado inagotable sin el sostén de la oración? La Madre Teresa afirma que no hubiera podido.

«No hay nadie —dice— que necesite de la gracia y la ayuda de Dios más que yo. Creo que es por eso que Él me usa, porque no puedo reclamar mérito por lo que he hecho».

Ella no sólo se ve a sí misma simplemente como un canal a través del cual pueden fluir las Buenas Nuevas del amor de Dios, sino que en cada persona sufriente ella ve la clara visión de la imagen de Dios.

Calighat

De todas las obras de la Madre Teresa y las Misioneras de la Caridad, la que expresó de modo más dramático su visión de la persona humana, su admiración por la gloria de cada persona como reflejo del espíritu divino, fue Calighat, el hogar para los moribundos de Calcuta. Y fue la que finalmente atrajo más atención sobre su obra.

Algunos de estos moribundos habían sido atendidos por la Madre Teresa en los cuartos con piso de tierra de la barriada miserable de Moti Jihl. A otros se les llevaba a los hospitales de la localidad, cuando se disponía de algunas rupias y los taxistas consentían. Cuando un hospital repleto rehusaba a uno de sus desahuciados protegidos, la Madre Teresa se mantenía firme, esperando junto a la persona sufriente hasta que podía encontrarse un rinconcito. Con el paso del tiempo, las autoridades municipales de Calcuta le dieron a la Madre Teresa un lugar para llevar a los moribundos indigentes. Era la hostería que antes habían usado los peregrinos más pobres que visitaban el santuario de Cali, la diosa de la destrucción y la purificación. Cerca estaba el lugar de la cremación, el *ghat*; de aquí el nombre de Calighat.

Era un lugar bullicioso, ya que un constante flujo de peregrinos acudía al santuario donde la imagen de Cali, de rostro moreno y engalanada con un collar de calaveras, se alzaba suspendida en su danza inmemorial. Los residentes de Calcuta y sus muchos visitantes eran asaltados por mendigos hambrientos, por los jóvenes y los viejos, por madres con hijos famélicos, y se quedaban consternados por el ejército de desamparados que se echaban a dormir en las sucias aceras. Ellos se enteraron de la existencia de un lugar donde los que carecían de todo recibían gratis de las Misioneras de la Caridad lo que otros sólo podían obtener por dinero.

En lugar de un sitio de horror y desesperación, aquellos de nosotros que conocimos Calighat hallábamos que era un lugar apacible donde resultaba palpable la gratitud de los que habían sido abandonados de todos. Así también era la gratitud —e incluso la alegría espiritual— de la Madre Teresa y las hermanas. Su gozo lo suscitaba el servir a aquellos en quienes veían a Jesús enmascarado en el sufrimiento, y nutriendo la vida misma, el mayor de los dones de Dios. Resultaba fácil ver a todos los que teníamos ante nosotros bañados por la luz de la encarnación.

Algunos de los que llegaban a Calighat parecían tan desamparados que nada podía reanimarlos, pero vimos cómo la Madre Teresa y las hermanas lograron consolar a los que eran prácticamente inconsolables. No pasó mucho tiempo hasta que voluntarios de todas las procedencias, religiones y castas acudieran a ayudar en Calighat.

El espíritu de las hermanas se expresaba en la Constitución. «Nuestros hogares para los moribundos son minas de oro por las oportunidades que nos dan de llegar a sus almas. La muerte es sagrada para todos los hombres: es la etapa final de nuestro completo desarrollo en la tierra. Habiendo vivido bien, deseamos para nosotras y para todos los hombres el tener una hermosa muerte y entrar así en la vida eterna de pleno desarrollo en Dios. Nos adiestramos para ser extremadamente generosas y amables al tocar una mano, en el tono de voz, y en nuestra sonrisa, de manera que hagamos la Misericordia de Dios muy real y que induzcamos a la persona moribunda a volverse a Dios con confianza filial».

La Madre Teresa tuvo un impacto particular en los cristianos al recordarles que el amor de Dios estaba siempre con ellos, y al hacer vivas las palabras de Cristo: «Yo estoy con vosotros siempre». No importa cómo ellos encontraran la muerte, nunca morirían solos: en todo momento estarían acompañados por Jesús.

Calighat vino a mostrarles a los que habían experimentado el rechazo extremo que en el mundo existía el amor misericordioso. La Madre Teresa les daba una prueba a los que carecían de todo, de la dignidad y el respeto de los demás, que ellos eran poseedores de una dignidad infinita como hijos de Dios. Ella descubrió que cualquiera que fuese su tradición, las personas no objetan ser tratadas como uno trataría al Salvador.

Fue su perseverante labor para validar la inviolable dignidad de cada persona, en particular su obra en Calighat, la que le trajo a la Madre Teresa el máximo reconocimiento, el Premio Nobel de la Paz. Robert S. McNamara, presidente del Banco Mundial y prominente laico presbiteriano, declaró, al nominarla para el premio Nobel, que ella lo merecía «porque promueve la paz del modo más fundamental por su ratificación de la inviolabilidad de la dignidad humana».

Oslo

Cuando la Madre Teresa aceptó el Premio Nobel de la Paz en Oslo, Noruega, el coro de alabanzas fue unánime. Oslo le brindó una plataforma para comunicar en palabras el mensaje de su vida y su obra. A ella no se le ocurrió atemperar ese mensaje. Algunos han dicho que «su idioma es el idioma de su ser, la voz de las Buenas Nuevas de los cristianos, tan misteriosa y esencialmente suya como es a un roble su peculiar textura fibrosa».

«Su amor por nosotros le lastima a Jesús —le dijo ella a los que asistieron a la entrega del Premio Nobel y a la prensa mundial—. Le lastima. Y para cerciorarse de que recordamos Su gran amor, se convirtió en el pan de vida para satisfacer nuestra hambre de Su amor —nuestra hambre de Dios— porque hemos sido creados para ese amor. Hemos sido creados a Su imagen. Hemos sido creados para amar y ser amados, y Él se ha hecho hombre para hacer posible que nosotros le amemos como Él nos amó. Él se hace el hambriento, el desnudo, el desamparado, el enfermo, el que está en prisión, el solitario, el rechazado, y dice: "¡A mí me lo hicisteis!"»

La Madre Teresa estaba poniendo en términos concretos la nueva relación que debía caracterizar a los que eligieran ser seguidores de Jesús. Era la relación misericordiosa anunciada en la gran parábola del Juicio Final, cuando Jesús se identificó para siempre con los más insignificantes de la humanidad. La Madre Teresa parecía encarnar el dicho de Jesús: «Bienaventurados los misericordiosos, porque ellos alcanzarán misericordia».

Lo que alegraba a la Madre Teresa era el hecho de que en Oslo las obras de misericordia —alimentar al hambriento, vestir al desnudo, albergar al que no tiene hogar— estaban siendo reconocidas como labores de paz. Unas pocas voces contrarias se hicieron oír posteriormente. La objeción era que la Madre Teresa abordaba las necesidades de los individuos y dejaba de confrontar las estructuras que causaban la pobreza, que dan lugar al conflicto y la violencia. Ella sentía que esa era otra vocación, pero nunca alteró su convicción de que el amor y el cuidado por el individuo deben respaldar cualquier empresa por el mejoramiento humano.

«Si hay personas que sienten que Dios las quiere para cambiar las estructuras de la sociedad —decía ella—, eso es algo entre ellas y Dios. Debemos servirle de cualquier manera que hayamos sido llamados. Yo soy llamada a ayudar a los individuos, a amar a cada persona pobre, no a tratar con instituciones». Ella no desmerecía las vocaciones de otros, ya que las instituciones ciertamente debían cambiar, pero su revolución era una revolución de amor, de vivir a plenitud la nueva relación que enseñara Jesús. Esta relación se suponía que fuera llevada a la sociedad por la «nueva criatura» del evangelio. ¿Puede cualquier revolución mejorar notablemente a los pobres y los oprimidos si pone a un lado la misericordia?

La defensa que ha hecho la Madre Teresa de la vida es bien conocida, en particular su defensa de la vida de los nonatos y en contra del aborto; menos conocida es su defensa de la familia humana contra los preparativos para la guerra. «La presencia de la bomba nuclear en el mundo —decía ella— ha creado temor y desconfianza entre las naciones, como lo es cualquier otra arma para destruir la vida humana: la hermosa presencia de Dios en el mundo».

Un don especial de la Madre Teresa es su facultad de ser un punto de reconciliación entre personas y grupos muy diferentes y hasta antagónicos. Puede que no tengan nada común entre sí, y pueden ser mutuamente incompatibles, pero coinciden en reconocer a la Madre Teresa como una persona digna de emulación. El primer ministro de Bengala, un comunista, celebró una recepción en honor de la Madre

Teresa cuando ella regresó de las ceremonias del Premio Nobel. «Usted ha sido la Madre de Bengala —le dijo él—, y ahora es la Madre del mundo».

Cuando un grupo de personas, perteneciente a una multiplicidad de tradiciones y dirigida por un seguidor de Gandhi, promovió una Oración por la Paz para que se rezara en todo el mundo, se decidió que debía tener un lanzamiento público. Llegaron a la convicción de que el evento sólo podía llegar a tener pleno sentido «si alguien de manifiesta pureza de corazón le prestaba su autoridad, alguien cuya vida fuera un camino de paz… Se sobreentendió que la persona adecuada habría de llevar la vida más común y corriente del mundo, la de los pobres, y de ver en el rostros de los varios linajes humanos el semblante único del Hijo de la Paz».

La decisión del grupo fue pedirle a la Madre Teresa que hiciera el lanzamiento de la oración.

Como su primera receta para la paz es la oración, la Madre Teresa aceptó y rezó públicamente en Londres: «Condúceme de la muerte a la vida, de la falsedad a la verdad. Condúceme de la desesperación a la esperanza, del temor a la confianza. Condúceme del odio al amor, de la guerra a la paz. Sea la paz en nuestro corazón, en nuestro mundo, en nuestro universo. Paz. Paz. Paz».

La Madre Teresa encomendó la Oración por la Paz a sus colaboradores seglares en todo el mundo. Con el transcurso de los años, mientras los Misioneros de la Caridad, hermanas y hermanos y, al final, sacerdotes, aumentaban en número, así crecían los colaboradores seglares, cuyas vidas también se alimentaban de manantiales de oración; para los cristianos entre ellos, las oraciones diarias incluían la Oración por la Paz atribuida a San Francisco de Asís, la oración del cardenal Newman, y la Oración del papa Paulo VI (todas ellas se incluyen en «Un retiro en el espíritu de la Madre Teresa y las Misioneras de la Caridad», página 123).

«Quered orar —les dijo la Madre Teresa a los colaboradores—. Con frecuencia durante el día, sentid la necesidad de la oración y tomad el trabajo de orar. La oración ensancha el corazón hasta que puede contener el don que Dios hace de sí mismo. Pedid y buscad, y vuestro corazón llegará a ser lo bastante grande para recibirlo a Él».

Los colaboradores no tienen obligaciones, pero oran juntos tan a menudo como sea posible. Solos o en comunidad, intentan hacer «algo hermoso por Dios», atendiendo las necesidades de otros. Estas necesidades pueden ser del espíritu —especialmente en el mundo desarrollado— tanto como del cuerpo. Siempre cuentan con el ejemplo de la Madre Teresa, con su fuerza de enfrentarse sola, si fuera necesario, y con amor, para denunciar lo que se opone a la vida y a la dignidad humanas. Personas de cualquier tradición pueden unirse a los colaboradores en tanto compartan la visión de la Madre Teresa. Ellos encuentran fuerzas para «ser parte de una compañía universal de los que dan testimonio de la presencia de Dios en todos los miembros de la familia humana». Ella les habló a los colaboradores en el Occidente de la necesidad de compartir lo que tenían en exceso y de ser conscientes constantemente del peligro de verse asfixiados por las posesiones y por el agitado ritmo de la vida.

Bengala, con su hambruna, su violencia y sus masas de refugiados, le había presentado a la Madre Teresa un microcosmo del mundo entero que clamaba por una efusión de las obras de caridad, y ella respondió. El mundo hoy padece azotes semejantes, aunque inefablemente mayores, y clama por una mayor concentración en las obras de caridad de lo que se conoció hasta ahora. Sin embargo, los gobiernos invierten recursos muchísimo más cuantiosos en las tareas de la guerra que en las obras de misericordia a favor de los hambrientos, las víctimas de la violencia en muchos sitios, y en albergar y encontrar hogares para refugiados. Si la guerra que se prepara a un costo ruinoso para los pueblos del mundo llegara a ocurrir, todas las obras de caridad se perderían. Esto pondría a la humanidad misma en peligro.

La misericordia, nos recuerda la Madre Teresa, es sólo el amor bajo apariencia de necesidad, el amor en acción que puede servir como el sostenimiento de la paz. De vez en cuando, ella levanta sus manos nudosas y gastadas por el trabajo, manos que han ayudado a los agonizantes a soportar lo insufrible, y apunta con el índice de su mano derecha a cada uno de los dedos de su mano izquierda al tiempo de resumir su mensaje en cinco palabras: «¡A mí me lo hicisteis!».

El uso de estas plegarias y meditaciones

Los relatos contados por la Madre Teresa son como pequeñas pará-bolas, parábolas de la vida diaria de personas comunes y corrientes, en particular de los pobres. Hasta en las ceremonias del Premio Nobel de la Paz, su discurso de aceptación estuvo salpicado de parábolas, relacionadas todas ellas con la enseñanza de Jesús y, sobre todo, con la gran parábola del Juicio Final.

Los relatos de los hechos de la Madre Teresa, recontados por otros, poseen con frecuencia la misma cualidad que las parábolas. Las seccio-nes tituladas «Vivir la Palabra» comprenden tanto sus propias historias como las que se han contado sobre su obra.

Los que hemos estado presentes en las pláticas y las entrevistas de la Madre Teresa a lo largo de los años, sabemos que ella cuenta cada relato como si hubiera ocurrido el día anterior. El evento, tan vívido para ella, cobra vida para los oyentes; el testimonio de su vida le presta fuego a sus palabras.

Para cada una de las 52 semanas del año, algo refrescante le espera al lector.

Reflexiones con la Madre Teresa vincula los relatos-parábolas con las reflexiones espirituales de la Madre Teresa, y conecta ambas cosas con un pasaje de la Escritura. Es de esperar que esta presentación, la primera en su género, pueda animar la vida de oración para personas de cualquier edad, especialmente personas apremiadas y ocupadas, atrapadas en una serie de innumerables deberes y preocupaciones. Puede atraer incluso a adolescentes que no respondan a formas más convencionales de orar.

No sería sorprendente para un lector que se acerque a este libro por primera vez, el recorrerlo aprisa. Un enfoque radicalmente diferente se sugiere luego de una posible lectura lineal. Tomando, por ejemplo, ambas caras de la «Primera Semana», se le pide al lector que pase por lo menos quince minutos meditando en ellas. Esto puede sonar más sencillo de lo que realmente es.

Dedicar quince minutos a los mismos pasajes cada día durante una semana puede resultar un tanto difícil para los que no están acostumbrados o preparados a encontrar tiempo para meditar. De un momento a otro, una luz puede irradiar de «La Palabra», de «Palabras de la Madre Teresa» o de cómo nuestras vidas se relacionan con «Vivir la Palabra». Nuevas e inesperadas revelaciones pueden brotar en el corazón, la mente y la imaginación.

Una breve oración al Espíritu Santificador y el Padrenuestro podría ser el modo más fructífero de adentrarse en estas *Reflexiones*. El fraile Basil Pennington, en su libro *Centering Prayer*, da este sabio consejo: «Me gustaría alentarle a detenerse un momentito y volverse al Espíritu Santo, que habita dentro de usted. Él es su Espíritu, el Don que le han dado en el bautismo para ser su mismísimo espíritu».

«Nadie fue nunca tan consciente de que era un hijo de Dios», escribió Ernest Renan, un no creyente, refiriéndose a San Francisco de Asís. Lo mismo podría decirse respecto de la Madre Teresa. Es como hija de un Dios amante que ella puede pasar su vida en total confianza, en total entrega. Ella invita a todo el que la conoce a compartir esa confianza, esa misma entrega.

Cuando rezamos el Padrenuestro, podemos situarnos dentro de la multitud que rodeaba a Jesús en el monte ese día, cuando ellos oyeron las Bienaventuranzas:

Bienaventurados son los pobres de espíritu:
porque de ellos es el Reino de los Cielos.
Bienaventurados los misericordiosos,
porque ellos alcanzarán misericordia.

Luego ellos oyeron por primera vez:

Vosotros, pues, orad así:
Padre nuestro que estás en los cielos,
santificado sea tu Nombre;
venga tu Reino...

Podemos recibir una orientación de lo que San Cipriano de Cartago, el primer obispo-mártir africano, escribiera sobre el Padrenuestro alrededor del 250 d. de C.

Al recordarnos que Jesús no nos enseñó a decir: «Padre mío —Cipriano añadía—, el Maestro de la Paz y Señor de la Unidad no quería que la oración fuese algo individualista y egocéntrico. Quien inculcó la unidad quería que cada uno orara por todos, así como Él mismo llevaba a todos en Uno». Se nos advierte no hacer de la oración un despliegue publicitario, sino que incluso cuando oremos en secreto, le pidamos al Padre de todos como miembros del pueblo de Dios. En ese sentido, aunque oremos solos, nuestra oración es comunitaria.

Algunas observaciones sobre el uso de *Reflexiones con la Madre Teresa*:

1. Para encontrar alimento espiritual en «La Palabra», «Vivir la Palabra» y «Palabras de la Madre Teresa» es necesario encontrar un lugar al cual, hasta donde nos sea posible, podamos escapar del ruido y evitar interrupciones. Aun los lectores rápidos deben demorarse y leer cada frase con relajada lentitud.

2. Una primera necesidad es significativa, la concentración de las ideas dispersas, una lucha que nunca se acaba. Cada distracción, cada preocupación, cada desilusión, cada pensamiento iracundo puede ponerse a los pies de Jesús. En la «Primera

Semana» aprendemos que las multitudes pusieron a los pies del Señor sus cojos, sus lisiados, sus ciegos y sus mudos, y Él los curó (Mateo 15:29-31). Las muchedumbres se sintieron movidas a alabar a Dios. Podemos también alabar a Dios por Sus dones para con nosotros, incluso por Su más grande don, el don de estar vivos y de poder cantar sus alabanzas.

3. Especialmente después de meditar en la «Palabra» bíblica, podemos quedarnos tranquilos y esperar en el Señor. ¿Qué es Su Palabra para nuestro atento oído espiritual? Desde los primeros tiempos de la Iglesia, «la lectura divina» se practicaba como un modo de llegar a Dios. Podemos memorizar el pasaje de la Escritura o partes de Él, o tomarnos el tiempo para leer el contexto bíblico. Unas pocas palabras de la Escritura aprendidas de memoria pueden surgir en la mente cuando más se necesiten como consuelo o inspiración.

4. La «Respuesta» a las *Reflexiones* puede ser pasiva al principio. Estamos acostumbrados a decir nuestras oraciones y pasar a otra cosa. Una respuesta puede no producirse de inmediato. Cuando llegue, puede ser no más que una palabra, pero será *tu palabra*. Esto podría conducir a una forma de la oración «centrada» que el fraile Basil Pennington describe en su libro. Buscamos una palabra, una frase, nuestro propio clamor a Dios, que puede liberar el amor en un corazón tibio y cansado. Podría ser «Cordero de Dios», que nos recuerde cuán tierno, amable e indefenso es el Cordero que se dejó morir en la Cruz por nosotros. Otras palabras podrían ser «misericordia», «perdón», «reconciliación». Deje que su palabra se arraigue en su corazón gracias a una constante repetición.

En la medida en que usted se haga cada vez más adepto a separarse por un tiempo de las exigencias de un mundo que reclama atención, puede descubrir una oración que se eleva de las profundidades de su espíritu. Puede ser una oración de acción de gracias por un don o una revelación especiales, o una oración para limpiar su corazón de la amargura que todavía mana de un antiguo insulto o desdén. Podría orar para encontrar las palabras precisas a fin de encomiar a alguien rara vez alabado o para reconocer los méritos de alguien que usualmente se dan por sentados.

Usted podría extraer de su memoria una parábola de su propia vida o de la vida de su familia. Puede ser un acontecimiento sencillo o un simple comentario que sirvió para despertar una nueva simpatía o para darle a su vida una nueva dirección. La acción resultante podría incluir el unirse a una agrupación que luche por la justicia, la paz y la esperanza de los desposeídos.

Las compiladoras de *Reflexiones* contaron con una madre siempre dispuesta a extraer una lección moral de los acontecimientos cotidianos. A cualquier comentario desdeñoso de parte nuestra acerca de una condiscípula bizca, o un alumno que fuese lento para aprender, pero rápido en suscitar el ridículo en clase y en la comunidad con sus torpes travesuras, ella le salía al paso con una aseveración.

«Gracias a Dios por Su bondad para contigo —nos diría—. Recuerden siempre: "Allá iré, sólo por la gracia de Dios"». Una expansión de simpatía, incluso una identificación con el impedido y el herido, entraron en nuestras vidas durante la época de la escuela primaria.

Además de las parábolas que ella relata a sus hermanas, a los colaboradores y a numerosos auditorios, desde las llanuras desérticas de Australia hasta Las Vegas, Nevada, la Madre Teresa deja caer de sus labios pepitas de oro. Estas han hecho una profunda impresión en innumerables personas.

«Dios no nos ha llamado a ser exitosos —dice ella—. Él nos ha llamado a ser fieles».

Para los que luchan por profundizar su vida de oración, lo que importa es ser fieles a la búsqueda, fiados en que Dios hará el resto.

Todos no tenemos la misma capacidad, la misma intensidad, las mismas luces. Podemos hacer nuestras las palabras de la Letanía de la Humildad que rezan las Misioneras de la Caridad. «Que los demás sean más santos que yo con tal de que yo sea todo lo santo que pueda ser. Jesús, dame la gracia de desearlo».

LAS SEMANAS

Primera Semana

LA PALABRA

Mateo 15:29-31

Pasando de allí, Jesús vino junto al mar de Galilea; subió al monte y se sentó allí. Y se acercó mucha gente trayendo consigo cojos, lisiados, ciegos, mudos y muchos otros; los pusieron a sus pies, y él los curó. De suerte que la gente quedó maravillada al ver que los mudos hablaban, los lisiados quedaban curados, los cojos caminaban y los ciegos veían; y glorificaron al Dios de Israel.

VIVIR LA PALABRA

A la primera mujer que vi, yo misma la recogí de la calle. Estaba medio comida por las ratas y las hormigas. Le llevé al hospital, pero no pudieron hacer nada por ella. Tan sólo la ingresaron porque yo rehusé moverme hasta que la aceptaran. De allí me fui a la municipalidad y les pedí que me dieran un lugar donde pudiera llevar a esta gente, porque ese mismo día me había encontrado a otras personas agonizando en las calles. El funcionario de salud de la municipalidad me llevó al templo, al Templo de Cali, y me mostró el *darmashalah*, el sitio en donde los peregrinos solían descansar después de haberle rendido culto a la diosa Cali. Era un edificio vacío y él me preguntó si lo aceptaría. Me sentí muy feliz de contar con ese lugar por muchas razones, pero especialmente por saber que era un centro de culto y devoción de los hindúes. *SBFG 91*

PALABRAS DE LA MADRE TERESA

UN SEGUNDO LLAMADO

En 1946 me dirigía a Darjeeling a hacer mi retiro. Estando en ese tren, oí el llamado a abandonarlo todo y seguirle en los barrios miserables, a servirle entre los más pobres de los pobres.

Sabía que era Su voluntad y que yo tenía que seguirle. No había ninguna duda de que esta iba a ser Su obra.

Fue un llamado dentro de mi vocación. Era un segundo llamado. Era una vocación a abandonar incluso Loreto, donde yo era muy feliz, para salir a las calles a servir a los más pobres de los pobres. *SBFG 85, 86*

MIS PALABRAS

¿Una oración, un cambio de actitud,
una compasión nueva, una acción?

_____

_____

_____

_____

_____

_____

_____

Segunda Semana

LA PALABRA

Proverbios 16:19-20
*Mejor es ser humilde con los pobres
 que participar en el botín con los soberbios.*

*El que está atento a la palabra encontrará la dicha,
 el que confía en Yahveh será feliz.*

VIVIR LA PALABRA

En diciembre, la Madre Teresa decidió iniciar su labor en uno de los barrios más pobres y desolados de Calcuta. Reunió a unos cuantos niños alrededor de ella y comenzó una escuela al aire libre. La comenzó «sobre el terreno», literalmente, trazando las letras del alfabeto con una vara en el suelo polvoriento.

Cuando le llegaba el momento de tomar su almuerzo, buscaba un lugar apacible donde pudiera encontrar agua potable. Una vez tocó a la puerta de un convento para preguntar si la dejaban comer dentro. Le dijeron que diera la vuelta por el fondo y la dejaron comer su escasa ración debajo de las escaleras traseras como a un mendigo de la calle. «Dios quiere que yo sea una monja solitaria —escribió— cargada con la pobreza de la Cruz. Hoy he aprendido una buena lección. La pobreza de los pobres es tan dura». *SAV 43*

PALABRAS DE LA MADRE TERESA

DEJEN QUE JESÚS NOS USE SIN CONSULTARNOS

En muchas ocasiones la Madre Teresa recibió las llaves de esta o de aquella ciudad, incluso hasta las llaves de la ciudad de Nueva York de manos del alcalde Edward Koch. El ritual le resultaba extraño. Una vez, luego de que le dijeran que era la primera ciudadana de un pueblo del Oeste Medio, tuvo que hablarle a un grupo de colaboradores.

«Ayer —dijo— fui hecha la primera ciudadana, y dije: "muchísimas gracias"; pero no entiendo lo que eso significa. No constituye una diferencia; proviene de la misma mano. Y mañana, si la gente dijera "crucifícala", sería lo mismo. Es la misma mano amante. Esa aceptación de vosotros y de mí es lo que Jesús quiere de nosotros. Dejadle a Él que nos use sin consultarnos». *SAV 418*

MIS PALABRAS

*¿Una oración, un cambio de actitud,
una compasión nueva, una acción?*

_____

_____

_____

_____

_____

_____

Tercera Semana

LA PALABRA

Carta de Pablo a los Filipenses 4:4-7
Estad siempre alegres en el Señor; os lo repito, estad alegres. Que vuestra mesura sea conocida de todos los hombres. El Señor está cerca. No os inquietéis por cosa alguna; antes bien, en toda ocasión, presentad a Dios vuestras peticiones, mediante la oración y la súplica, acompañadas de la acción de gracias. Y la paz de Dios, que supera todo conocimiento, custodiará vuestros corazones y vuestros pensamientos en Cristo Jesús.

VIVIR LA PALABRA

Nosotros hacemos la obra de Dios. Él proporciona los medios.

Si Él no nos da los medios, eso muestra que Él no quiere la obra. ¿Por qué, pues, preocuparse?

Un día el señor Thomas, el presidente de Hindustan Lever, vino a ofrecernos una propiedad en Bombay.

Él primero me preguntó: «Madre, ¿cómo se sostiene económicamente su obra?».

Yo le respondí: «Señor Thomas, ¿quién lo envió aquí?».

«Sentí un impulso dentro de mí», me dijo.

«Bien, otras personas como usted vienen a verme y dicen lo mismo. Ése es mi presupuesto», le contesté.

Espero que ustedes no den solamente de lo que les sobra. Deben dar lo que les cuesta, hacer un sacrificio, pasarse sin algo que les guste, para que vuestro don pueda tener valor ante Dios. Entonces ustedes

serán verdaderamente hermanos y hermanas de los pobres que carecen incluso de las cosas que necesitan. *MLFP 32*

PALABRAS DE LA MADRE TERESA

PEDIR Y CREER

Nuestra dependencia de la Divina Providencia es una fe firme y
viva en que Dios puede y quiere ayudarnos. Que Él puede es evidente,
porque Él es el todopoderoso; que Él quiere es cierto porque lo prometió en tantos pasajes de las Sagradas Escrituras y porque Él es infinitamente fiel a Sus promesas. Cristo nos alienta a confiar en estas
palabras: «Todo lo que pidiereis en oración creyendo lo recibiréis, y
será vuestro». El apóstol San Pedro también nos manda a dejarle todos
nuestros cuidados al Señor que provee para nosotros. Y ¿por qué no
debía Dios cuidar de nosotros si nos envió a Su hijo y con Él todo lo
demás? *LIS 27*

MIS PALABRAS

¿Una oración, un cambio de actitud,
una compasión nueva, una acción?

_____

_____

_____

_____

_____

Cuarta Semana

LA PALABRA

Mateo 25:31-36
Cuando el Hijo del hombre venga en su gloria, acompañado de todos sus ángeles, entonces se sentará en su trono de gloria. Serán congregadas delante de él todas las naciones, y él separará a los unos de los otros, como el pastor separa las ovejas de los cabritos. Pondrá las ovejas a su derecha, y los cabritos a su izquierda. Entonces dirá el Rey a los de su derecha: «Venid, benditos de mi Padre, recibid la herencia del Reino preparado para vosotros desde la creación del mundo. Porque tuve hambre, y me disteis de comer; tuve sed, y me disteis de beber; era forastero, y me acogisteis; estaba desnudo, y me vestisteis; enfermo, y me visitasteis; en la cárcel, y vinisteis a verme».

VIVIR LA PALABRA

Fue en 1955 que la Madre Teresa me llevó a recorrer Calighat, el Hogar de los Moribundos. En el pabellón de los hombres me dijo que conocía a cada uno. Ella iba de camastro en camastro, hablando con hombres y mujeres a quienes la vida les había arrebatado todo, menos el aliento mismo, y los consolaba.

El albergue de los peregrinos, o *darmashalah*, fue construido como una antigua posada. En el medio del gran salón había un amplio pasillo. Los camastros se alineaban en ángulos rectos a ambos lados del pasillo levantados a unos dos pies del suelo. Tendidos uno al lado del otro sobre las plataformas de cemento había 70 hombres de todas las edades. La Madre Teresa recordó las palabras de un hombre en Calighat: «He vivido como un animal en la calle, pero muero como un ángel». *SAV 56*

PALABRAS DE LA MADRE TERESA

JESÚS, ENMASCARADO EN EL SUFRIMIENTO

Mirando a las hileras de seres humanos tendidos en los camastros del albergue, la Madre Teresa dijo: «Nuestra obra nos llama a ver a Jesús en todos. Él nos ha dicho que es el hambriento. Él es el desnudo. Es el sediento. Es el que no tiene hogar. Él es el que sufre. Éstos son nuestros tesoros.

»Todos ellos son Jesús. Cada uno es Jesús enmascarado en el sufrimiento». «Jesús enmascarado en el sufrimiento»: fue esa frase la que repercutió en mi cerebro. Jesús, cubierto de salivazos, en la cuneta, Jesús asaltado por los gusanos, Jesús llorando por haber sido abandonado. *SAV 57*

MIS PALABRAS

*¿Una oración, un cambio de actitud,
una compasión nueva, una acción?*

_____

_____

_____

_____

_____

_____

Quinta Semana

LA PALABRA

Carta de Santiago 2:5-6, 8-9

Escuchad, hermanos míos queridos: ¿Acaso no ha escogido Dios a los pobres según el mundo como ricos en la fe y herederos del Reino que prometió a los que lo aman? ¡En cambio vosotros habéis menospreciado al pobre! ¿No son acaso los ricos los que os oprimen y os arrastran a los tribunales?

Si cumplís plenamente la Ley regia según la Escritura: Amarás a tu prójimo como a ti mismo, *obráis bien; pero si tenéis acepción de personas, cometéis pecado y quedáis convictos de transgresión por la Ley.*

VIVIR LA PALABRA

La decimoquinta escuela de pobres se estableció en un rincón de Calcuta habitado por montones de leprosos.

Descubrí que los padres comenzaban a discutir entre sí, algunos diciendo que las hermanas se llevarían a los niños a un hospital. Los musulmanes abordaron a las hermanas para saber si iban a hacer cristianos a sus niños.

A los observadores cautelosos les llevó una semana convencerse de que las hermanas estaban haciendo exactamente lo que habían prometido: impartirles a sus hijos una educación primaria gratuita.

La Madre Teresa visitó la escuela y le habló en voz baja a la hermana Ángela. «Este muchacho tiene manchas blancas en la cara. Cerciórese, hermana, de que él vaya a la clínica. Esa niñita de la primera fila, también». Yo sentía como si se alzara una sentencia por encima de cada cabecita, una sentencia a una de las más pavorosas enfermedades que ha afligido a la humanidad.   *SAV 68-69*

PALABRAS DE LA MADRE TERESA

DE LAS CALLES DE CALCUTA A LAS PUERTAS DE TODO EL MUNDO

«Las calles de Calcuta conducen a las puertas de todo el mundo, y al verdadero dolor, la auténtica ruina de nuestra Calcuta es el mejor testigo de la gloria que una vez tuvo. Sé que ustedes piensan que deben hacer un viaje a Calcuta, pero yo enérgicamente les insto a que ahorren el pasaje y lo empleen en socorrer a los pobres de vuestro país.

»Es fácil amar al que está lejos. No siempre es fácil amar a los que viven ahí mismo junto a nosotros. Hay millares de personas que mueren por un pedazo de pan. Hay millares más que mueren por un poquito de amor, por un poquito de reconocimiento.

»Ésta es una estación de la Cruz; Jesús presente en los hambrientos cayendo bajo el peso de la Cruz.

»Hoy en el mundo hay un "Calvario abierto". Las gentes a través del mundo pueden parecer diferentes o tener diferente religión, educación o posición, pero todas ellas son iguales. Son personas para ser amadas. Todas ellas están hambrientas de amor».   *CoW-N*

MIS PALABRAS

¿Una oración, un cambio de actitud,
una compasión nueva, una acción?

_____

_____

_____

_____

_____

Sexta Semana

LA PALABRA

Isaías 44:1-3

Ahora, pues, escucha, Jacob, siervo mío,
Israel, a quien yo elegí.
Así dice Yahveh que te creó,
te plasmó ya en el seno y te da ayuda:
«No temas, siervo mío, Jacob,
Yesurún a quien yo elegí.
Derramaré agua sobre el sediento suelo,
raudales sobre la tierra seca.
Derramaré mi espíritu sobre tu linaje,
mi bendición sobre cuanto de ti nazca».

VIVIR LA PALABRA

Un joven hermano fue en busca de consejo con la Madre Teresa. Él quería tan sólo una tarea: trabajar con los leprosos. La Madre le dijo que su vocación no era necesariamente trabajar con los leprosos. Su vocación era pertenecer a Jesús, y por pertenecer a Jesús él podía poner en práctica su amor por Jesús al servicio de los leprosos.

«No hay ninguna diferencia si enseñas a personas de nivel universitario, o si estás en los barrios pobres, o si simplemente limpias o lavas o friegas, lavas heridas, recoges gusanos, en todo eso no hay diferencia. No lo que hacemos, sino cuánto amor ponemos en lo que hacemos es lo que le interesa a Jesús». *MDV 25*

PALABRAS DE LA MADRE TERESA

UNA ORACIÓN DE LA MADRE TERESA

La vida eterna, Padre, es conocerte a ti, el único Dios verdadero, y a Jesucristo, a quien Tú has enviado.

Haz que podamos llevar esta vida eterna a los pobres, privados como están de todas las comodidades, de posesiones materiales; haz que puedan llegar a conocerte, a amarte, a poseerte, a participar en Tu vida. Tú que eres el Dios y Padre de los hombres y de mi Señor Jesucristo, fuente de toda verdad y bondad y felicidad. *WDI 34*

MIS PALABRAS

¿Una oración, un cambio de actitud,
una compasión nueva, una acción?

_____

_____

_____

_____

_____

_____

_____

_____

Séptima Semana

LA PALABRA

Primera Carta de Pedro 2:21-24

Pues para esto habéis sido llamados, ya que también Cristo sufrió por vosotros, dejándoos ejemplo para que sigáis sus huellas. El que no cometió pecado, y en cuya boca no se halló engaño; *el que, al ser insultado, no respondía con insultos; al padecer, no amenazaba, sino que se ponía en manos de Aquel que juzga con justicia;* el mismo que, *sobre el madero,* llevó nuestros pecados *en su cuerpo, a fin de que, muertos a nuestros pecados, viviéramos para la justicia;* con cuyas heridas habéis sido curados.

VIVIR LA PALABRA

Entre nuestros leprosos hay muchas personas bien educadas, muchas personas ricas y capaces. Pero debido a la enfermedad han sido excluidas de la sociedad, de sus hogares, por sus amigos, y muy a menudo hasta por sus propios hijos que no quieren verlas nunca más. Se han visto aisladas de sus propias familias y no tienen ninguna alternativa sino dedicarse a mendigar. Con mucha frecuencia uno ve a personas que llegan a Bengala desde el sur, y a la gente de Bengala que se va aun más al norte sólo por alejarse de la gente y de los lugares donde han sido conocidos y servidos y amados. Tenemos entre nuestros leprosos aquí en Calcuta a personas muy capaces que han tenido posiciones muy altas en la vida. Pero debido a la enfermedad, viven ahora en los barrios más pobres, desconocidos, sin amor y sin el cuidado de nadie. Gracias a Dios nuestras hermanas están allí para quererles y para ser sus amigas. *SBFG 102*

PALABRAS DE LA MADRE TERESA

EN EL CALVARIO DE NUESTRO PUEBLO
En Navidad estuve conversando con nuestros leprosos
y diciéndoles que la lepra es un don de Dios,
que Dios puede confiar tanto en ellos
que les da este terrible sufrimiento...

Y un hombre
que estaba completamente desfigurado
comenzó a halarme de mi sari.
«Repita eso», me dijo.
«Repita que esto es el amor de Dios.
Los que sufren entienden cuando usted habla de esta manera, Madre
Teresa».

Cristo realmente está viviendo su pasión en estos hogares.
En nuestra gente uno puede ver el Calvario.   *WTLB 65*

MIS PALABRAS

*¿Una oración, un cambio de actitud,
una compasión nueva, una acción?*

_____

_____

_____

_____

_____

Octava Semana

LA PALABRA

Segunda Carta de Pablo a los Corintios 9:6-10

Mirad: el que siembra con mezquindad, cosechará también con mezquindad; el que siembra en abundancia, cosechará también en abundancia. Cada cual dé según el dictamen de su corazón, no de mala gana ni forzado, pues: Dios ama al que da con alegría. *Y poderoso es Dios para colmaros de toda gracia a fin de que teniendo, siempre y en todo, todo lo necesario, tengáis aún sobrante para toda obra buena. Como está escrito:* Repartió a manos llenas; dio a los pobres; su justicia permanece eternamente.

Aquel que provee de simiente al sembrador y de pan para su alimento, *proveerá y multiplicará vuestra sementera y aumentará* los frutos de vuestra justicia.

VIVIR LA PALABRA

La Madre Teresa relataba la historia del hombre rico en la India que quería depositarles en un banco una inmensa cantidad de dinero a las hermanas, para que no fuesen a encontrarse algún día sin recursos o fondos para su labor.

«La condición era —explicaba la Madre Teresa— que este dinero no debería tocarse. Debía ser una seguridad para el trabajo. Así pues yo le contesté y le dije que en lugar de ofender a Dios, le ofendería a él un poquito, si bien yo estaba agradecida por su atención. No podía aceptar el dinero porque todos estos años Dios había cuidado de nosotras, y la seguridad de ese dinero eliminaría la vida misma de nuestra obra. Yo no podía tener dinero en el banco mientras la gente se moría de hambre.

»Eso lo conmovió —siguió contando ella—, lo sacudió. Antes de morir, envió el dinero, tanto para los leprosos, tanto para el Hogar de los Moribundos, tanto para comida, y así sucesivamente. Él lo dio todo». *SAV 390*

PALABRAS DE LA MADRE TERESA

EL TRABAJO DE HOY: EL TRABAJO DE MAÑANA

«Para nosotros no es una pérdida de tiempo o de vida dedicar ese tiempo a alimentar a la persona hoy. ¿El trabajo de mañana? Hay muchas personas que pueden hacer eso, que pueden eliminar las obras de la injusticia y otras cosas por el estilo. Pero para nosotras esa persona necesita abrigo ahora. Yo creo que nuestra parte se lleva a cabo aquí. Y al hacer nuestra parte, mucha gente se interesa en hacer la segunda parte: mejorar y ayudar a la gente, eliminar esa pobreza y esa hambre y esa desnudez». *TGLC 75-76*

MIS PALABRAS

¿Una oración, un cambio de actitud,
una compasión nueva, una acción?

_____

_____

_____

_____

_____

_____

_____

Novena Semana

LA PALABRA

Carta de Pablo a los Filipenses 4:8-9

Por lo demás, hermanos, todo cuanto hay de verdadero, de noble, de justo, de puro, de amable, de honorable, todo cuanto sea virtud y cosa digna de elogio, todo eso tenedlo en cuenta. Todo cuanto habéis aprendido y recibido y oído y visto en mí, ponedlo por obra y el Dios de la paz estará con vosotros.

VIVIR LA PALABRA

«Recuerdo cuando vinimos por primera vez a Nueva York —relataba la Madre Teresa— y el cardenal Cooke quería darle a cada hermana 500 dólares al mes. Y yo lo miré y le dije: "Cardenal, ¿usted cree que Dios se va a ir a la quiebra en Nueva York?". Me miró, pensando: *Quizás está un poquito chiflada*. Él sacó el tema a relucir de nuevo, una y otra vez, y siempre yo le respondí de la misma manera.

»Una hermana venía a unirse a la Sociedad, y no teníamos suficiente algodón para hacerle un colchón, y le dije a las hermanas: "Cojan mi almohada, yo puedo dormir sin almohada, y terminen el colchón", pero ellas rehusaron. Así, pues, me levanté y les llevé la almohada. En eso tocaron a la puerta. La hermana corrió a abrir y había un señor inglés con un colchón grandísimo que dijo: "Me voy para Inglaterra y pensé que a la Madre Teresa le gustaría quedarse con el colchón"». *Cuarto diálogo*

PALABRAS DE LA MADRE TERESA

EL DINERO NO BASTA

«Hoy día, como antes, cuando Jesús viene a los suyos, los suyos no lo conocen. Él viene en los cuerpos corruptos de los pobres. Él viene incluso en los ricos a quienes están asfixiando sus riquezas, en la soledad de sus corazones, y no hay nadie que los ame. Jesús viene a ti y a mí. Y con frecuencia, con mucha frecuencia, le pasamos de largo. Aquí en Inglaterra, y en muchos otros lugares tales como Calcuta, encontramos solitarios que sólo se conocen por sus direcciones, por el número de su cuarto. ¿Dónde estamos nosotros, pues? ¿Sabemos realmente que existen tales personas?…

»Estas son las personas que debemos conocer. Éste es Jesús ayer y hoy y mañana, y usted y yo debemos saber quiénes son. Ese conocimiento nos llevará a amarlos. Y ese amor, a servirles. No nos quedemos satisfechos con sólo pagar dinero. El dinero no basta. El dinero puede obtenerse. Ellos necesitan de vuestras manos para servirles. Necesitan de vuestros corazones para amarles». *SAV 251*

MIS PALABRAS

¿Una oración, un cambio de actitud,
una compasión nueva, una acción?

_____

_____

_____

_____

_____

Décima Semana

LA PALABRA

Carta de Pablo a Tito 3:4-7
Mas cuando se manifestó la bondad de Dios nuestro Salvador y su amor a los hombres, él nos salvó, no por obras de justicia que hubiésemos hecho nosotros, sino según su misericordia, por medio del baño de regeneración y de renovación del Espíritu Santo, que derramó sobre nosotros con largueza por medio de Jesucristo nuestro Salvador, para que, justificados por su gracia, fuésemos constituidos herederos, en esperanza, de vida eterna.

Carta de Pablo a los Efesios 3:20
A Aquel que tiene poder para realizar todas las cosas incomparablemente mejor de lo que podemos pedir o pensar, conforme al poder que actúa en nosotros, [a él sea la gloria].

VIVIR LA PALABRA

En el Hogar para los Moribundos que las Misioneras de la Caridad tienen en Calcuta, había un hombre que tenía cáncer, y el cuerpo medio consumido por la enfermedad. Todo el mundo lo había abandonado como un caso sin esperanza. La Madre Teresa se le acercó para lavarlo tiernamente. Al principio, ella sólo encontró el desdén del enfermo.

«¿Cómo puede usted soportar el hedor de mi cuerpo?», le preguntó él.

Luego, bastante apaciblemente, el moribundo le dijo: «Usted no es de aquí. La gente aquí no se comporta como usted».

Pasaron varios minutos. Y luego el enfermo de muerte murmuró una típica expresión india: «Gloria a ti, mujer».

«No —replicó la Madre Teresa—. Gloria a ti que sufres con Cristo».

Luego, ambos se sonrieron. El sufrimiento del enfermo pareció detenerse. Murió dos días después. *SOMT 13*

PALABRAS DE LA MADRE TERESA

LA AMARGURA DE UNA ENFERMEDAD INFECCIOSA
Debemos tener el valor
de orar para tener el valor de aceptar.
Por no orar lo suficiente, vemos sólo la parte humana.
No vemos la divina,
y nos ofendemos por eso.

Yo creo que gran parte de la incomprensión del sufrimiento hoy día
proviene de eso,
del resentimiento y la amargura.
La amargura es una enfermedad infecciosa,
un cáncer,
un enojo que se esconde dentro.   *WTLB 68*

MIS PALABRAS

¿Una oración, un cambio de actitud,
una compasión nueva, una acción?

_____

_____

_____

_____

11a. Semana

LA PALABRA

Carta de Pablo a los Colosenses 1:9-14

Por eso, tampoco nosotros dejamos de rogar por vosotros desde el día que lo oímos, y de pedir que lleguéis al pleno conocimiento de su voluntad con toda sabiduría e inteligencia espiritual, para que viváis de una manera digna del Señor, agradándole en todo, fructificando en toda obra buena y creciendo en el conocimiento de Dios; confortados con toda fortaleza por el poder de su gloria, para toda constancia en el sufrimiento y paciencia; dando con alegría gracias al Padre que os ha hecho aptos para participar en la herencia de los santos en la luz.

Él nos libró del poder de las tinieblas y nos trasladó al Reino del Hijo de su amor, en quien tenemos la redención: el perdón de los pecados.

VIVIR LA PALABRA

A uno de los niños abandonados que teníamos en nuestro *Shishu Bhavan*, se lo di a una familia rica de clase alta.

Luego de unos meses oí decir que el niño se había vuelto muy enfermo y completamente discapacitado. Así que fui a ver a esa familia y le dije: «Devuélvanme al niño y les daré un niño sano».

El padre me miró y me dijo: «Quíteme la vida primero, luego llévese al niño».

¡Él amaba al niño de corazón!

En Calcuta, todas las noches mandamos a decir a todas las clínicas, a todas las estaciones de policía, a todos los hospitales: «Por favor no destruyan al niño; nosotras lo tomaremos».

Es así que nuestra casa siempre está llena de niños. (Hay un chiste en Calcuta: «La Madre Teresa siempre está hablando de planificación familiar y de abortos, pero ella ciertamente no practica esto en absoluto: cada día tiene más niños»). *MLFP 64*

PALABRAS DE LA MADRE TERESA

UNA VIDA ENTERA COMPARTIENDO
El amor no puede reservarse para sí: no tiene sentido.
El amor tiene que ponerse en práctica
y esa práctica es el servicio.

¿Cómo ponemos en práctica el amor a Dios?
Siendo fieles a nuestra familia,
a los deberes que Dios nos ha confiado.
De cualquier manera que seamos,
capaces o discapacitados,
ricos o pobres,
no consiste en cuánto hacemos
sino en cuánto amor ponemos en hacerlo:
una vida entera compartiendo amor con los demás.   *WTLB 75*

MIS PALABRAS

¿Una oración, un cambio de actitud,
una compasión nueva, una acción?

_____

_____

_____

_____

12a. Semana

LA PALABRA

Lucas 12:22-26

Dijo a sus discípulos: «Por eso os digo: no andéis preocupados por vuestra vida, qué comeréis, ni por vuestro cuerpo, con qué os vestiréis: porque la vida vale más que el alimento, y el cuerpo más que el vestido; fijaos en los cuervos: ni siembran, ni cosechan; no tienen bodega ni granero, y Dios los alimenta. ¡Cuánto más valéis vosotros que las aves! Por lo demás, ¿quién de vosotros puede, por más que se preocupe, añadir un codo a la medida de su vida? Si, pues, no sois capaces ni de lo más pequeño, ¿por qué preocuparos de lo demás?»

VIVIR LA PALABRA

Cuando le preguntaron si temía por la seguridad de las hermanas cuando salían, de dos en dos, temprano por la mañana a hacer sus recorridos, la Madre Teresa replicaba que ellas estaban en las manos del Señor. Las áreas pobres no sólo eran fétidas, sino con frecuencia peligrosas.

«Ellas van orando por el camino, incluso en los tranvías. Cuando caminan, rezan el rosario». Yo me imaginaba las voces susurrantes de las jóvenes, repitiendo el Padrenuestro e incluyendo en el «Padre» a todos los hijos de la familia humana, a toda la gente a su alrededor que tienen su propio nombre y concepto del Creador.

«Ahora, ellas me cuentan —dijo la Madre Teresa con una sonrisa que le iluminaba la mirada— el tiempo que les lleva llegar a diferentes lugares por el número de rosarios que pueden decir. "Nos llevó tres rosarios llegar allá, Madre", me dicen. Cuando oran mientras andan, la gente las ve y las respeta. En la India hay un gran respeto por la santidad, incluso entre los pícaros». *SAV 106*

PALABRAS DE LA MADRE TERESA

LA POBREZA ES AMOR ANTES DE SER RENUNCIA

> «No busquemos substitutos que nos devuelvan la riqueza a la que hemos renunciado». *M.T.*

Cristo, que se hizo pobre y se despojó a sí mismo para llevar a cabo nuestra redención, nos llama:

a escuchar la voz de los pobres, especialmente en nuestra época, que nos insta a hacer reparaciones por el egoísmo y la codicia del hombre, que anhela las riquezas terrestres y el poder hasta el punto de ser injusto con los demás.

Nuestra pobreza debe ser verdadera pobreza evangélica, amable, tierna, alegre y sincera, siempre presta a dar una muestra de amor. La pobreza es amor antes de ser renuncia. *Const.*

MIS PALABRAS

*¿Una oración, un cambio de actitud,
una compasión nueva, una acción?*

_____

_____

_____

_____

_____

_____

13a. Semana

LA PALABRA

Mateo 5:7-8
Bienaventurados los misericordiosos,
porque ellos alcanzarán misericordia.
Bienaventurados los limpios de corazón,
porque ellos verán a Dios.

VIVIR LA PALABRA

La Madre Teresa fue a Las Vegas en 1960 a hablar ante el Consejo Nacional de Mujeres Católicas. La invitación, presentada por los Servicios de Socorro Católicos, sacó a la Madre Teresa de la India por primera vez desde su llegada a ese país en 1929. Ella les agradeció a las mujeres católicas su apoyo a las clínicas de madres e hijos que ella tenía en Calcuta y les contó de su trabajo.

«Tres semanas atrás, antes de venir aquí, una mujer que sufría las últimas etapas de la tuberculosis llegó con su pequeño hijo, Jamal. Cuando nos encontramos, ella sólo me preguntó: "Madre, como yo he contraído una terrible enfermedad y mis días están contados, tome a mi hijo, déle un hogar, ámelo". Yo tomé al niño y le dije: "Bien, mientras vivas, ven dos o tres veces al día, si quieres, y visitas al niño".

»Y esta mujer caminaba por lo menos dos o tres millas diarias. Amaba al niño de un modo tan heroico. No lo tocaba y me pedía: "Madre, tome a mi hijo en sus brazos; usted lo ama". Esto es lo que la ayuda de ustedes ha hecho por las madres indias. Ha ayudado a sacar a relucir lo mejor de ellas». *SAV 135-6*

PALABRAS DE LA MADRE TERESA

ALGO HERMOSO PARA DIOS

La Madre Teresa electrizó a miles de mujeres reunidas en Las Vegas, e hizo pública su gratitud por el flujo de alimentos y medicinas vivificadoras canalizadas a través de ella por los Servicios de Socorro Católicos. Dijo que no solicitaría ayuda. La gente sólo debía saber las necesidades de sus semejantes, dijo ella, y responderían.

«Yo no pido. No he mendigado desde la época en que comencé el trabajo. Pero voy al pueblo —hindúes, mahometanos y cristianos— y les digo: "He venido a darles una oportunidad de hacer algo bello por Dios". Y es que la gente quiere hacer algo bello por Dios y se da a conocer». *SAV 136*

MIS PALABRAS

*¿Una oración, un cambio de actitud,
una compasión nueva, una acción?*

_____

_____

_____

_____

_____

_____

_____

_____

14a. Semana

LA PALABRA

Lucas 6:36-38
Sed compasivos, como vuestro Padre es compasivo. No juzguéis y no seréis juzgados, no condenéis y no seréis condenados; perdonad y seréis perdonados. Dad y se os dará: una medida buena, apretada, remecida, rebosante pondrán en el halda de vuestros vestidos. Porque con la medida con que midáis se os medirá.

VIVIR LA PALABRA

Cuando le preguntaron lo que opinaba de la ciudad de Las Vegas, la Madre Teresa respondió con una palabra: «*Dewali*».

Dewali es el festival anual hindú de las luces para conmemorar el alegre retorno de Sita, amado consorte de Rama. Las ciudades y aldeas se llenan de velas y de guirnaldas de bombillos eléctricos.

La Madre Teresa no hizo ningún pronunciamiento moral, pero un perpetuo *Dewali* sería inimaginable para ella como para cualquier indio.

Sin embargo, la Madre Teresa se llevó un recuerdo de Las Vegas. Para darle tiempo a meditar antes de su charla, la llevamos al desierto de Nevada. Ella se instaló cerca de un cacto para la contemplación. Al final, recogió unas cuantas de las largas púas del cacto que fueron fácilmente trenzadas en una corona de espinas. Esto fue lo que ella se llevó de regreso a Calcuta como un recuerdo tangible de Las Vegas. La colocó en la cabeza del Cristo crucificado que cuelga del altar de la capilla. Sobre el crucifijo podía leerse «TENGO SED»: las palabras que se ponen en todas las capillas de las Hermanas alrededor del mundo. *SAV 137*

PALABRAS DE LA MADRE TERESA

TENGO SED

«Así como la simiente está destinada a ser un árbol, nosotros estamos destinados a crecer en Jesús». *M.T.*

«Tengo sed», dijo Jesús en la Cruz cuando fue privado de todo consuelo y abandonado, despreciado y afligido en cuerpo y alma.

Como Misioneras de la Caridad somos llamadas a saciar la infinita sed de Cristo —Dios hecho hombre que sufrió, murió y resucitó, y se encuentra ahora a la diestra de Su Padre, así como plenamente presente en la Eucaristía, intercediendo por nosotros— mediante

- una profunda vida de oración, contemplación y penitencia;
- la aceptación de todo el sufrimiento, la renuncia e incluso la muerte;
- una mejor comprensión de nuestro especial llamado a amar y servir a Cristo en la penosa apariencia de los pobres. *Const.*

MIS PALABRAS

*¿Una oración, un cambio de actitud,
una compasión nueva, una acción?*

_____

_____

_____

_____

15a. Semana

LA PALABRA

Salmo 145:13–14, 17–18
Yahveh es fiel en todas sus palabras,
en todas sus obras amoroso;
Yahveh sostiene a todos los que caen,
a todos los encorvados endereza.

Yahveh es justo en todos sus caminos,
en todas sus obras amoroso;
cerca está Yahveh de los que le invocan,
de todos los que le invocan con verdad.

VIVIR LA PALABRA

«Algo hermoso sucedió en Calcuta. Dos jóvenes vinieron a verme, una pareja de hindúes. Me dieron una enorme cantidad de dinero. "¿Cómo consiguieron tanto dinero?", les pregunté. Me respondieron: "Nos casamos hace dos días. Antes de nuestro matrimonio decidimos que no celebraríamos una gran fiesta y que no compraríamos trajes de boda. Decidimos que le daríamos a usted el dinero que habíamos ahorrado para que usted alimentara a la gente".

»En una gran familia hindú, una familia rica, es un escándalo no tener ropas especiales de bodas ni celebrar una fiesta de bodas.

»"¿Por qué hicieron eso?", les pregunté. Y ellos me respondieron: "Madre, nos amamos tanto que queremos recibir una bendición especial de Dios haciendo un sacrificio. Queremos darnos mutuamente este regalo especial".

»¿No es algo hermoso? Cosas como esas suceden todos los días, realmente cosas hermosas. Debemos revelarlas. Tenemos que sacar a relucir las cosas maravillosas que ocurren en el mundo». *SAV 462*

PALABRAS DE LA MADRE TERESA

DIOS TIENE SUS PROPIOS MEDIOS

Aunque ella hablaba en términos cristianos, la Madre Teresa aconsejaba a todos no condenar ni juzgar a otras personas respecto de sus caminos para llegar a Dios.

«Dios tiene Sus propios caminos y medios para obrar en los corazones de los hombres, y no sabemos cuán cerca ellos están de Él. Si el individuo piensa y cree que éste es el único camino a Dios para ella o para él, éste es el modo en que Dios entra en su vida». *SAV 476*

MIS PALABRAS

*¿Una oración, un cambio de actitud,
una compasión nueva, una acción?*

_____

_____

_____

_____

_____

_____

_____

_____

16a. Semana

LA PALABRA

Primera Carta de Pedro 1:15-21

Así como el que os ha llamado es santo, así también vosotros sed santos en toda vuestra conducta, como dice la Escritura: Seréis santos, porque santo soy yo.

Y si llamáis Padre a quien, sin acepción de personas, juzga a cada cual según sus obras, conducíos con temor durante el tiempo de vuestro destierro, sabiendo que habéis sido rescatados *de la conducta necia heredada de vuestros padres, no con algo caduco, oro o plata, sino con una sangre preciosa, como de cordero sin tacha y sin mancilla, Cristo, predestinado antes de la creación del mundo y manifestado en los últimos tiempos a causa de vosotros; los que por medio de él creéis en Dios, que le ha resucitado de entre los muertos y le ha dado la gloria, de modo que vuestra fe y vuestra esperanza estén en Dios.*

VIVIR LA PALABRA

Nunca olvidaré que durante los sufrimientos de Bangladesh tuvimos diez millones de personas en Calcuta y sus alrededores.

Le pedí al gobierno de India que le permitiera a un número de otras congregaciones acudir a socorrernos, a ayudarnos, porque estábamos trabajando todo el tiempo.

Las autorizaron a venir: quince o dieciséis hermanas diferentes vinieron a ayudarnos, y cada una de ellas, al irse de Calcuta, dijo lo mismo: «He recibido mucho más de lo que he dado, y no puedo ser la misma persona otra vez, porque he tocado a Cristo, he comprendido lo que es el amor, ¡lo que es amar y ser amada!». *MLFP 77*

PALABRAS DE LA MADRE TERESA

TÚ ERES PRECIOSO PARA MÍ
Debemos orar para entender el amor de Dios por nosotros.
Ustedes deben leer ese hermoso pasaje de Isaías donde Dios habla y dice:
«Yo te he llamado por tu nombre. Tú eres mío.
El agua no te ahogará, el fuego no te quemará.
Abandonaré naciones por ti. Tú eres precioso para mí».
Somos preciosos para Él.
Ese moribundo en la calle: precioso para Él
ese millonario: precioso para Él
ese pecador: precioso para Él,
Porque Él nos ama. *WTLB 43*

MIS PALABRAS

¿Una oración, un cambio de actitud,
una compasión nueva, una acción?

_____

_____

_____

_____

_____

_____

_____

_____

17a. Semana

LA PALABRA

Deuteronomio 6:4-7
Escucha, Israel. Yahveh, nuestro Dios, es el único Yahveh. Amarás a Yahveh tu Dios con todo tu corazón, con toda tu alma y con toda tu fuerza. Queden en tu corazón estas palabras que yo te dicto hoy. Se las repetirás a tus hijos, les hablarás de ellas tanto si estás en casa como si vas de viaje, así acostado como levantado.

VIVIR LA PALABRA

«Dios todopoderoso —dijo el rabí— es con el corazón lleno de gozo que nos hemos reunido aquí para expresarte nuestro gran júbilo y ofrecerte acción de gracias en ocasión del jubileo de plata de la Sociedad de las Misioneras de la Caridad por su obra humanitaria y altruista y, a través de ellas, por los pobres del mundo».

Y ahora, el Salmo 118, versículo 24.

«Este es el día que el Señor ha hecho, exultemos y gocémonos en él».

Luego prosiguió: «Y ahora ha llegado el día por el que la Madre Teresa ha esperado. (...) Nosotros, los judíos de Calcuta, nos unimos en acción de gracias al Señor y oramos que el Padre Celestial en Su misericordia preserve a la Madre Teresa y a los que trabajan con ella, guárdelas y líbrelas de toda tribulación y sufrimiento. Apresura los días cuando los hijos de los hombres comprendan que ellos todos tienen un solo Padre, que un solo Dios nos creó a todos. Entonces la luz de la justicia universal inundará el mundo, y el conocimiento de Dios cubrirá la tierra, como las aguas cubren el mar. Amén».   *SAV 279*

PALABRAS DE LA MADRE TERESA

TODAS LAS PERSONAS, NUESTROS HERMANOS Y HERMANAS

No tenemos absolutamente ninguna dificultad en lo tocante a trabajar en países con muchas religiones, como la India. Tratamos a todas las personas como hijos de Dios. Ellos son nuestros hermanos y hermanas. Les mostramos nuestro mayor respeto…

Nuestra labor es alentar a estos cristianos y no cristianos a realizar obras de amor. Y toda obra de amor, hecha de todo corazón, siempre acerca a las personas a Dios.

Si ellas aceptan a Dios en sus vidas, entonces son colaboradoras.
MLFP 21

MIS PALABRAS

*¿Una oración, un cambio de actitud,
una compasión nueva, una acción?*

_____

_____

_____

_____

_____

_____

_____

_____

_____

18a. Semana

LA PALABRA

Carta de Pablo a los Efesios 2:4-7

Pero Dios, rico en misericordia, por el gran amor con que nos amó, estando muertos a causa de nuestros delitos, nos vivificó juntamente con Cristo —por gracia habéis sido salvados— y con él nos resucitó y nos hizo sentar en los cielos en Cristo Jesús, a fin de mostrar en los siglos venideros la sobreabundante riqueza de su gracia, por su bondad para con nosotros en Cristo Jesús.

VIVIR LA PALABRA

El otro día, al bajar por la calle, un hombre que subía se me acercó y me dijo: «¿Es usted la Madre Teresa?». Yo respondí, «sí», y él me suplicó: «Por favor, envíe a algunas de sus hermanas a nuestra casa. Estoy medio ciego y mi esposa está casi demente. Simplemente anhelamos escuchar una voz humana...».

Ellos tenían de todo, pero esos dos sin nadie a quien llamar suyo se sentían tan solos. Era muy posible que sus hijos e hijas se encontraran muy lejos de ellos. Ahora eran indeseables, inútiles por así decir, y así debían morir de absoluta soledad.

En algunos lugares, como en Inglaterra, tenemos colaboradores que componen pequeños «grupos de escucha». Visitan a la gente, casas de ancianos comunes y corrientes, y se sientan con ellos y les dejan que hablen y hablen. A las personas muy viejas les encanta tener a alguien que les escuche aun si tienen que contar una historia de hace treinta años.

Escuchar, cuando nadie más quiere hacerlo, es algo hermoso.
MLFP 74

PALABRAS DE LA MADRE TERESA

LA MAYOR INJUSTICIA

No sabemos lo que es el dolor del hambre. Si pudiéramos realmente escuchar la voz de Dios en nuestros corazones, nos daríamos cuenta del sufrimiento de la gente. Hay tanta desesperación en los corazones de las personas hoy...

Gran parte del sufrimiento es la carencia de ese amor comprensivo. La gente está hambrienta, no sólo de pan, sino de amor comprensivo. Están desnudos, no sólo por falta de ropa, sino de esa dignidad humana que les han sustraído. Esa es la mayor injusticia que se les hace a los pobres, pensar que no sirven para nada. No tratamos a cada uno de ellos como a un hijo de Dios. *Tercer diálogo*

MIS PALABRAS

¿Una oración, un cambio de actitud,
una compasión nueva, una acción?

_____

_____

_____

_____

_____

_____

_____

_____

_____

19a. Semana

LA PALABRA

Primera Carta de Juan 3:1-3
Mirad qué amor nos ha tenido el Padre
para llamarnos hijos de Dios,
pues, ¡lo somos!
El mundo no nos conoce
porque no le conoció a él.
Queridos, ahora somos hijos de Dios
y aún no se ha manifestado lo que seremos.
Sabemos que, cuando se manifieste, seremos semejantes a él,
porque le veremos tal cual es.

VIVIR LA PALABRA

En nuestra labor contamos con muchas personas a quienes llamamos colaboradores, y yo quiero que ofrezcan sus manos para servir a la gente y sus corazones para amar a la gente. Porque a menos que entren en estrecho contacto con ellos, les será muy difícil saber quiénes son los pobres. Especialmente aquí en Calcuta, tenemos a muchos cristianos y no cristianos que trabajan juntos en el Hogar de los Moribundos y otros lugares. Tenemos grupos que preparan las vendas y las medicinas para los leprosos.

Por ejemplo, un australiano vino hace algún tiempo y dijo que quería hacer una gran donación. Pero luego de dar la donación, añadió: «Eso es algo fuera de mí, pero quiero dar algo de mí». Y ahora él viene con regularidad al Hogar de los Moribundos, y afeita a los hombres y conversa con ellos. Podría haberse reservado ese tiempo para sí, no sólo su dinero. Quiso dar algo de sí mismo, y lo da. *SBFG 115*

PALABRAS DE LA MADRE TERESA

CRISTO AMA CON MI CORAZÓN

Como decía San Pablo, «No vivo ya yo, sino que Cristo vive en mí». Cristo ora en mí, Cristo obra en mí, Cristo piensa en mí, Cristo mira a través de mis ojos, Cristo habla a través de mis palabras, Cristo trabaja con mis manos, Cristo anda con mis pies, Cristo ama con mi corazón. Como decía la oración de San Pablo, «Pertenezco a Cristo, y nada me separará del amor de Cristo». Así era esa identidad: unidad con Dios, unidad con el Señor en el Espíritu Santo. *Segundo diálogo*

MIS PALABRAS

¿Una oración, un cambio de actitud,
una compasión nueva, una acción?

_____
_____
_____
_____
_____
_____
_____
_____
_____
_____

20a. Semana

LA PALABRA

Mateo 18:1-6

En aquel momento se acercaron a Jesús los discípulos y le dijeron: «¿Quién es, pues, el mayor en el Reino de los Cielos?». Él llamó a un niño, le puso en medio de ellos y dijo: «Yo os aseguro: si no cambiáis y os hacéis como los niños, no entraréis en el Reino de los Cielos. Así pues, quien se haga pequeño como este niño, ése es el mayor en el Reino de los Cielos.

«Y el que recibe un niño como éste en mi nombre, a mí me recibe. Pero al que escandalice a uno de estos pequeños que creen en mí, más le vale que le cuelguen al cuello una de esas piedras de molino que mueven los asnos, y le hundan en lo profundo del mar».

VIVIR LA PALABRA

Hace algún tiempo, en Calcuta tuvimos gran dificultad en conseguir azúcar. Y yo no sé cómo se corrió la voz entre los niños, pero un niñito de cuatro años, un niño hindú, fue a su casa y les dijo a sus padres: «No comeré azúcar en tres días. Le daré mi azúcar a la Madre Teresa para sus niños». Luego de tres días, su padre y su madre lo trajeron a nuestra casa. Yo no los había visto antes, y este chiquito podía escasamente pronunciar mi nombre. Pero él sabía exactamente lo que había venido a hacer. Sabía que quería compartir su amor. *Primer diálogo*

PALABRAS DE LA MADRE TERESA

MOSTRAR AMOR
El amor comienza en la casa.
Si no nos amamos unos a otros
cuando nos vemos veinticuatro horas,
¿cómo podemos amar a los que vemos sólo una vez?
Debemos amar con solicitud
con generosidad
compartiendo la alegría
compartiendo una sonrisa…
a través de las pequeñas cosas.
Un niñito no tiene ninguna dificultad en amar,
no tiene obstáculos para el amor.
Y es por eso que Jesús dijo:
«Si no fuereis como niños…»   *WTLB 54*

MIS PALABRAS

¿Una oración, un cambio de actitud,
una compasión nueva, una acción?

_____

_____

_____

_____

_____

_____

_____

21a. Semana

LA PALABRA

Tobías 4:15-16, 18-19

No hagas a nadie lo que no quieras que te hagan. No bebas vino hasta emborracharte y no hagas de la embriaguez tu compañera de camino.

Da de tu pan al hambriento y de tus vestidos al desnudo. Haz limosna de todo cuanto sobra; y no tenga rencilla tu ojo cuando hagas limosna.

Busca el consejo de los prudentes y no desprecies ningún aviso saludable. Bendice el Señor en toda circunstancia, pídele que sean rectos todos tus caminos y que lleguen a buen fin todas tus sendas y proyectos.

VIVIR LA PALABRA

«En la India tenemos millares de personas
que están hambrientas.
En una de nuestras casas en Calcuta
nuestras hermanas cocinan diariamente
para cuatro mil personas,
y el día en que no cocinamos,
ellas no tienen nada que comer.

Durante el conflicto en la India,
cuando muchos de nuestros hermanos y hermanas
del mismo padre
vinieron a la India de Pakistán,
estos bellos hermanos indios me dijeron:

"Madre, no cocine para nosotros hoy.
Déle a ellos nuestra comida".
Para ellos, eso significaba irse sin comer ese día». *MBMS 77*

PALABRAS DE LA MADRE TERESA

LA CONTINUIDAD DEL AMOR

Todos debemos llenar nuestros corazones de un gran amor. No crean que el amor, para ser verdadero y ardiente, deba ser extraordinario. No, lo que necesitamos en nuestro amor es la continuidad para amar a Aquel que tanto amó al mundo que dio a Su Hijo. Dios aún es amor, Él aún ama al mundo. Hoy Dios ama al mundo tanto que Él te da y Él me da al mundo para amarlo, para ser Su amor y compasión. El mundo está hambriento de Dios, y cuando Jesús vino al mundo Él quiso satisfacer esa hambre. Él se hizo el Pan de Vida, tan pequeño, tan frágil, tan indefenso, y como si eso no bastara, Él se hizo a Sí mismo el hambriento, el desnudo, el desamparado, de manera que podamos satisfacer Su hambre de amor, de nuestro amor humano, no de algo extraordinario sino de nuestro amor humano. *LIS 35*

MIS PALABRAS

*¿Una oración, un cambio de actitud,
una compasión nueva, una acción?*

_____

_____

_____

_____

22a. Semana

LA PALABRA

Carta de Santiago 2:14-18

¿De qué sirve, hermanos míos, que alguien diga: «tengo fe» si no tiene obras? ¿Acaso podrá salvarle la fe? Si un hermano o una hermana están desnudos y carecen del sustento diario, y alguno de vosotros les dice: «idos en paz, calentaos y hartaos», pero no les dais lo necesario para el cuerpo, ¿de qué sirve? Así también la fe, si no tiene obras, está realmente muerta.

Y al contrario, alguno podrá decir: «¿Tú tienes fe? pues yo tengo obras. Pruébame tu fe sin obras y yo te probaré por las obras mi fe».

VIVIR LA PALABRA

Una muchacha vino de fuera de la India a unirse a las Misioneras de la Caridad. Tenemos una regla que las recién llegadas deben ir al Hogar de los Moribundos. Así yo le dije a esta muchacha: «Viste al Padre durante la Santa Misa, con qué amor y cuidado tocaba a Jesús en la Hostia. Haz lo mismo cuando vayas al Hogar de los Moribundos, porque es el mismo Jesús a quien encontrarás allí en los cuerpos quebrantados de los pobres». Y ella fue. Al cabo de tres o cuatro horas, la recién llegada regresó y me dijo con una amplia sonrisa —yo nunca había visto una sonrisa como esa—: «Madre, he estado tocando el cuerpo de Cristo por tres horas». Y yo le pregunté: «¿Cómo?». Ella me contestó: «Cuando llegué allí, trajeron a un hombre que se había caído en un desagüe y había estado allí por algún tiempo. Estaba cubierto de heridas y suciedad y gusanos, y yo lo limpié, y supe que estaba tocando el cuerpo de Cristo». Eso fue muy hermoso. *LIS 56*

PALABRAS DE LA MADRE TERESA

HAY PERSONAS CAYÉNDOSE

Pero si la gente tuviera ese profundo respeto por la dignidad de los pobres, estoy segura de que sería fácil para ellos acercárseles y ver que ellos también son hijos de Dios, y que tienen tanto derecho a las cosas de la vida y del amor y del servicio como cualquier otro. En estos tiempos de desarrollo, todo el mundo está apurado y todo el mundo está corriendo, y en el camino hay personas cayéndose que no pueden competir. Estas son las que queremos amar y servir, y las que queremos atender. *SBFG 119*

MIS PALABRAS

*¿Una oración, un cambio de actitud,
una compasión nueva, una acción?*

_____

_____

_____

_____

_____

_____

_____

_____

23a. Semana

LA PALABRA

Primera Carta de Juan 1:1–3
Lo que existía desde el principio,
lo que hemos oído,
lo que hemos visto con nuestros ojos,
lo que contemplamos
y tocaron nuestras manos
acerca de la Palabra de la vida,
—pues la Vida se manifestó,
y nosotros la hemos visto y damos testimonio
y os anunciamos la Vida eterna,
que estaba vuelta hacia el Padre y que se nos manifestó—
lo que hemos visto y oído,
os lo anunciamos,
para que también vosotros estéis en comunión con nosotros.
Y nosotros estamos en comunión con el Padre
y con su Hijo, Jesucristo.

VIVIR LA PALABRA

Para aliviar los sufrimientos causados por el terremoto de Guatemala de 1976, la Madre Teresa se apareció allí con un equipo de Misioneras de la Caridad. Ella se detuvo en el pueblo de San Pedro donde cerca de un millar de casas habían sido destruidas y las dos iglesias eran una suerte de conchas dentadas llenas de escombros.

Una mujer de cara avellanada y surcada de profundas arrugas, vino a hablar con nosotras. Nos dijo que se llamaba Cecilia Vázquez, y que era viuda. Nos dijo que había perdido a su hijo, a su nuera y a su nietito en el terremoto. No medía más de cuatro pies con diez pulgadas de estatura y parecía ser india pura. Un collar de monedas, en el centro del cual había un crucifijo, le colgaba del cuello.

Cecilia Vázquez alzó su crucifijo frente a los ojos de la Madre Teresa. La Madre Teresa tomó el crucifijo que llevaba en el hombro izquierdo y también lo alzó. Los pusieron uno al lado del otro. Cecilia Vázquez luego abrazó a la Madre Teresa, sosteniéndola como si su presencia trajera consuelo en medio de un lugar marcado por el duelo. *SAV 310*

PALABRAS DE LA MADRE TERESA

ELLA ERA TODA PARA DIOS

Pidámosle a nuestra Señora que convierta nuestros corazones en «mansos y humildes» como era el de su Hijo. Resulta tan fácil ser orgulloso y áspero y egoísta, tan fácil; pero hemos sido creados para cosas más grandes. ¡Cuánto podemos aprender de nuestra Señora! Ella era tan humilde porque ella era toda para Dios. Estaba llena de gracia. *SBFG 69*

MIS PALABRAS

¿Una oración, un cambio de actitud,
una compasión nueva, una acción?

_____

_____

_____

_____

24a. Semana

LA PALABRA

Juan 6:8-13

Andrés, el hermano de Simón Pedro, dijo: «Aquí hay un muchacho que tiene cinco panes de cebada y dos peces; pero ¿qué es eso para tantos?». Dijo Jesús: «Haced que se recueste la gente». Había en el lugar mucha hierba. Se recostaron, pues, los hombres en número de unos cinco mil. Tomó entonces Jesús los panes y, después de dar gracias, los repartió entre los que estaban recostados y lo mismo los peces, todo lo que quisieron. Cuando se saciaron, dijo a sus discípulos: «Recoged los trozos sobrantes para que nada se pierda». Los recogieron, pues, y llenaron doce canastos con los trozos de los cinco panes de cebada que sobraron a los que habían comido.

VIVIR LA PALABRA

No aceptamos dádivas de ningún gobierno; no aceptamos mantenimiento de la Iglesia. No tenemos salarios, nada para el trabajo que hacemos. Así, pues, dependemos de la Divina Providencia. Tratamos con miles y miles de personas, y nunca hubo un día en que tuvimos que decirle a alguien: «Lo sentimos, no tenemos».

Cocinamos para unas nueve mil personas todos los días. Un día, la hermana vino y me dijo: «Madre, no hay absolutamente nada. No tenemos nada en absoluto». Yo no pude responderle. Alrededor de las nueve de la mañana un gran camión lleno de pan llegó a la puerta. Las escuelas estaban cerradas ese día. Ellos vaciaron miles de hogazas de pan dentro de nuestros muros y la gente tuvo un magnífico pan durante dos días. Cuánto da Él, cuántas cosas Él trae. Es así que podemos cuidar a miles y miles de leprosos. *Cuarto diálogo*

PALABRAS DE LA MADRE TERESA

LA PEOR ENFERMEDAD: EL MAYOR AZOTE

Cuando las hermanas fueron a Harlem, comenzaron a visitar a los ancianos, los viejos encerrados en sus casas que con frecuencia vivían solos. Ellas hacían las tareas más sencillas, limpiaban los cuartos, lavaban las ropas.

En una ocasión, llegaron a una puerta y nadie respondió. La mujer llevaba cinco días muerta y nadie lo sabía —excepto por el olor en el pasillo—. Tantos son conocidos solamente por el número de la puerta.

La peor enfermedad hoy día no es la lepra; es ser indeseado, ser abandonado, ser olvidado. El mayor azote es olvidar al prójimo; es estar tan asfixiado, por así decir, con las cosas que no tenemos tiempo para Jesús el solitario, ni para una persona de nuestra propia familia que nos necesita.

Tal vez si yo no hubiera recogido a esa persona moribunda en la calle, no hubiera recogido los millares que siguieron. Debemos pensar *Ek* (palabra bengalí para «uno»). Yo pienso *Ek*, *Ek*. Uno, uno. Ese es el modo de comenzar. *Inédito*

MIS PALABRAS

*¿Una oración, un cambio de actitud,
una compasión nueva, una acción?*

_____

_____

_____

_____

25a. Semana

LA PALABRA

Juan 16:23-24
Aquel día
no me preguntaréis nada.
En verdad, en verdad os digo:
lo que pidáis al Padre os lo dará en mi nombre.
Hasta ahora nada le habéis pedido en mi nombre.
Pedid y recibiréis,
para que vuestro gozo sea colmado.

VIVIR LA PALABRA

Muchos hindúes se convirtieron en colaboradores del Hogar de los Moribundos y se maravillaban de las caras de júbilo que las hermanas ponían en su tarea de cuidar de los pobres. Los espíritus de las hermanas se animaban al saber que estaban aliviando los sufrimientos de los que habían sido abandonados por todos. Con sus sonrisas, les estaban diciendo a los pacientes que habían llegado a un lugar de amor y cuidado.

La Madre Teresa recordaba el efecto del trabajo de las hermanas en un hombre de Calcuta. «Un caballero hindú se quedó de pie detrás de una joven hermana que estaba lavando a un hombre que acababan de traer al Hogar de los Moribundos. Ella no vio al señor. Luego, después de un rato, el hombre se me acercó y me dijo: "Vine a esta casa vacío, lleno de amargura y de odio, sin Dios. Salgo lleno de Dios. Vi el amor viviente de Dios a través de las manos de esa hermana, la manera en que ella tocaba y cuidaba de ese hombre"». *SAV 302*

PALABRAS DE LA MADRE TERESA

EL GOZO, FRUTO DEL ESPÍRITU SANTO

El gozo es ciertamente el fruto del Espíritu Santo y una señal característica del Reino de Dios, porque Dios es gozo.

—En Belén, el ángel dio nuevas de «gran gozo».

—Cristo quiso compartir Su gozo con Sus discípulos: «Que mi gozo sea con vosotros».

—El gozo era la contraseña de los primeros cristianos.

—San Pablo con frecuencia repite: «Regocijaos en el Señor siempre; otra vez os digo, "regocijaos"».

—A cambio de la gracia del Bautismo, el sacerdote le dice al recién bautizado: «Que puedas servir a la Iglesia gozosamente». *SAV 303*

MIS PALABRAS

¿Una oración, un cambio de actitud,
una compasión nueva, una acción?

_____

_____

_____

_____

_____

_____

_____

26a. Semana

LA PALABRA

Lucas 14:12-15

Dijo también al que había invitado: «Cuando des una comida o una cena, no llames a tus amigos, ni a tus hermanos, ni a tus parientes, ni a tus vecinos ricos; no sea que ellos te inviten a su vez, y tengas ya tu recompensa. Cuando des un banquete, llama a los pobres, a los lisiados, a los cojos, a los ciegos; y serás dichoso, porque no te pueden corresponder, pues se te recompensará en la resurrección de los justos».

Habiendo oído esto, uno de los comensales le dijo: «¡Dichoso el que pueda comer en el Reino de Dios!».

VIVIR LA PALABRA

Tuve la más extraordinaria experiencia con una familia hindú que tenía ocho hijos. Un señor vino a nuestra casa y me dijo: «Madre Teresa, hay una familia con ocho hijos, ellos no han comido por mucho tiempo; haga algo». Yo tomé algo de arroz y me fui allí inmediatamente. Y vi a los niños —con los ojos que les brillaban de hambre—. Yo no sé si ustedes han estado hambrientos alguna vez, pero yo lo he visto a menudo. Y la madre tomó el arroz, lo dividió, y salió. Cuando regresó, le pregunté: «¿Dónde fue, qué hizo?». Y ella me dio una respuesta muy simple. «Ellos, los vecinos, también están hambrientos». Lo que más me impactó fue que ella lo sabía. ¿Y quiénes son ellos? Una familia musulmana, y ella lo sabía. Yo no llevé más arroz esa noche porque quería que disfrutaran del gozo de compartir. *Primer diálogo*

PALABRAS DE LA MADRE TERESA

UNA GOTA EN EL OCÉANO

Nosotras sentimos que lo que hacemos es sólo una gota de agua en el océano. Pero si esa gota no estuviera en el océano, creo que el océano sería menos por esa gota que le falta. Por ejemplo, si no tuviéramos nuestras escuelas en los barrios pobres —que no son nada, simples escuelitas primarias donde les enseñamos a los niños a amar la escuela y a ser limpios y otras cosas por el estilo— si no tuvieran esas escuelitas, esos niños, esos miles de niños, se quedarían en las calles. Entonces tenemos que escoger entre llevarlos y darles un poquito, o dejarlos en la calle. Es lo mismo respecto de nuestro Hogar para los Moribundos y nuestro hogar para los niños.   *SBFG 119*

MIS PALABRAS

*¿Una oración, un cambio de actitud,
una compasión nueva, una acción?*

_____

_____

_____

_____

_____

_____

_____

27a. Semana

LA PALABRA

Carta de Pablo a los Romanos 14:12-13, 17-19

Así pues, cada uno de vosotros dará cuenta de sí mismo a Dios.

Dejemos, por tanto, de juzgarnos los unos a los otros; juzgad más bien que no se debe poner tropiezo o escándalo al hermano.

Que el Reino de Dios no es comida ni bebida, sino justicia y paz y gozo en el Espíritu Santo. Toda vez que quien así sirve a Cristo, se hace grato a Dios y aprobado por los hombres. Procuremos, por tanto, lo que fomente la paz y la mutua edificación.

VIVIR LA PALABRA

En el Hogar de los Moribundos
hay tanto sufrimiento del corazón.
No hay nadie,
nadie que los ame,
pero las hermanas los aman.
Ellas les sonríen y los lavan y los limpian;
ellas son tan buenas,
¡una presencia de paz en medio de la enfermedad,
el cáncer, la tuberculosis y otras cosas!

«Un día trajeron a un hombre
gritando y aullando… Su dolor era intenso…

Le dieron morfina y amor en dosis generosas,
y le contaron de los sufrimientos de Uno
que lo amó mucho.
Gradualmente él comenzó a escuchar y aceptar el amor.

En su último día él rehusó la morfina
porque quería estar unido a Aquel que lo salvó». *MBMS 65*

PALABRAS DE LA MADRE TERESA

TODO ES «EL FRUTO DEL AMOR»

Amar significa hacer todo por Jesús. Yo recibo la fuerza para hacer todo lo que tengo que hacer de la Eucaristía: la Santa Comunión diaria. Es por esto que Jesús se hizo el Pan de Vida: para ser nuestra vida, para darnos vida.

Es su amor el que nos mueve. Todo lo que hago es el fruto del amor, porque mi vida es una expresión del amor. En este momento al dirigirme a ustedes, lo hago para Jesús, de manera que le estoy hablando a Jesús. Ciertamente no puede haber separación entre la acción y la meditación, porque cada acto, cada gesto, cada momento es hecho con Él. Él mismo lo dijo, y Jesús no nos engaña: todo lo que hicisteis a otros, a mí lo hicisteis. Cuando vivo, trabajo, camino con mis hermanas, converso, trabajo y vivo con Jesús. Con los pobres, los enfermos, los leprosos y los moribundos, estoy con Jesús. De manera que vivo veinticuatro horas del día con Jesús; a Él le he dedicado mi vida, mi corazón, todo mi ser, y mi trabajo. *CoW-N*

MIS PALABRAS

*¿Una oración, un cambio de actitud,
una compasión nueva, una acción?*

_____

_____

_____

_____

28a. Semana

LA PALABRA

Carta de Pablo a los Romanos 12:17-21

Sin devolver a nadie mal por mal; procurando el bien ante todos los hombres; *en lo posible, y en cuanto vosotros dependa, en paz con todos los hombres; no tomando la justicia por cuenta vuestra, queridos míos, dejad lugar a la cólera, pues dice la Escritura:* Mía es la venganza; yo daré el pago merecido, *dice el Señor. Antes al contrario:* si tu enemigo tiene hambre, dale de comer; y si tiene sed, dale de beber; haciéndolo así, amontonarás ascuas sobre su cabeza. *No te dejes vencer por el mal; antes bien, vence al mal con el bien.*

VIVIR LA PALABRA

Tenemos un hogar para los alcohólicos en Melbourne, un hogar para alcohólicos sin hogar.

Uno de ellos resultó muy malherido por otro. Yo pensé que sería un caso para la policía, así que llamé a la policía, y la policía vino y le preguntó a ese caballero: «¿Quién te hizo eso?».

Él comenzó a contarle toda clase de mentiras, pero no le decía la verdad, no le daba el nombre, y el policía tuvo que irse sin hacer nada.

Entonces yo le pregunté: «¿Por qué no le dijiste a la policía quién te hizo eso?».

Él me miró y me dijo: «Sus sufrimientos no van a atenuar los míos».

Ocultó el nombre de su hermano para ahorrarle sufrimiento.

¡Cuán hermoso y grande es el amor de nuestra gente, y este es un milagro continuo de amor que se propaga entre los nuestros! Los llamamos pobres, ¡pero son ricos en amor!

PALABRAS DE LA MADRE TERESA

EL LÍMITE DEL AMOR: LA CRUZ

«Amaos unos a otros, como yo os he amado». Estas palabras deben ser no sólo una luz para nosotros, sino también una llama que consuma el egoísmo que impide el crecimiento de la santidad. Jesús nos amó hasta el fin, hasta el mismísimo límite del amor, la Cruz. El amor debe venir desde dentro —de nuestra unión con Cristo—, una efusión de nuestro amor por Dios. El amar debe ser tan normal para nosotros como vivir y respirar, día tras día hasta nuestra muerte. La Florecilla dijo: «Cuando actúo y pienso con caridad, siento que es Jesús quien obra dentro de mí. Cuanto más cerca estoy unida a Él, tanto más amo a todos los otros moradores de Carmelo». *LIS 37*

MIS PALABRAS

¿Una oración, un cambio de actitud,
una compasión nueva, una acción?

_____

_____

_____

_____

_____

_____

_____

_____

29a. Semana

LA PALABRA

Primera Carta de Juan 4:9-10
En esto se manifestó el amor que Dios nos tiene:
en que Dios envió al mundo a su Hijo único
para que vivamos por medio de Él.
En esto consiste el amor:
no en que nosotros hayamos amado a Dios,
sino en que él nos amó y nos envió a su Hijo
como propiciación por nuestros pecados.

VIVIR LA PALABRA

La Madre Teresa habló en muchas sesiones del Congreso Eucarístico de 1976 en Filadelfia. En el último minuto le pidieron que hablara ante una gran asamblea de jóvenes.

«Hoy, en los jóvenes del mundo, Jesús vive Su pasión en los jóvenes que sufren, en los hambrientos, en los minusválidos.

»Esos miles que mueren no sólo por un pedazo de pan, sino por un pedacito de amor, de reconocimiento. Esa es una estación de la Cruz. ¿Están ustedes ahí?

»Y los jóvenes, cuando caen, como Jesús cayó una y otra vez por nosotros, ¿estamos nosotros, como Simón de Cirene, para levantarlos, para levantar la Cruz?»

Después un sacerdote comentó que la plática resultó perfecta para la ocasión. Los jóvenes se habían quedado pasmados al saber que Ellen Ports, una muchacha de veinte años y líder de la participación de los jóvenes en el Congreso, había sido abatida por la leucemia. La Madre Teresa no estaba enterada de eso.

«No sé lo que me hizo hablar así acerca de la Cruz. Vino a mí de súbito». *SAV 325*

PALABRAS DE LA MADRE TERESA

DÉJENLO QUE ORE EN MÍ

Cuando llegue la hora en que no podamos orar, será muy sencillo: si Jesús está en mi corazón, déjenlo que ore, déjenme permitirle que ore en mí, que le hable a Su Padre en el silencio de mi corazón. Puesto que yo no puedo hablar, Él hablará; puesto que yo no puedo orar, Él orará. Es por eso que debemos decir con frecuencia: «Jesús, en mi corazón, creo en Tu fiel amor por mí, te amo». Y con frecuencia deberíamos estar en esa unidad con Él, y dejarlo a Él que obre, y cuando no tengamos nada que dar, démosle a Él esa nada. Cuando no podamos orar, démosle esa incapacidad a Él.

Hay una razón adicional para dejarle a Él orar en nosotros al Padre. Pidámosle a Él que ore en nosotros, porque nadie conoce al Padre mejor que Él. Nadie puede orar mejor que Jesús. *Segundo diálogo*

MIS PALABRAS

*¿Una oración, un cambio de actitud,
una compasión nueva, una acción?*

_____

_____

_____

_____

30a. Semana

LA PALABRA

Juan 10:14-17

Yo soy el buen pastor;
y conozco mis ovejas
y las mías me conocen a mí,
como me conoce el Padre
y yo conozco a mi Padre
y doy mi vida por las ovejas.
También tengo otras ovejas,
que no son de este redil;
también a ésas las tengo que conducir
y escucharán mi voz;
y habrá un solo rebaño,
un solo pastor.
Por eso me ama el Padre,
porque doy mi vida,
para recobrarla de nuevo.

VIVIR LA PALABRA

A un amigo que está sumamente enfermo y que ha solicitado sus oraciones, ella le escribe: «Tu nombre está puesto en la pared, a la entrada de la Capilla, y toda la casa orará por ti, incluida yo. San Pedro se quedará sorprendido por la avalancha de oraciones por ti y, estoy segura, te curará pronto. Tal vez, sin embargo, tú estés listo para irte "a casa", a Dios. Si fuera así, Él estará muy feliz de abrirte la puerta y dejar que entres para toda la eternidad». Luego, en su estilo inimitable, agregó: «Si te vas a "casa" antes que yo, dale mi amor a Jesús y a Su madre».

PALABRAS DE LA MADRE TERESA

ELLOS TIENEN SU DIGNIDAD

Hoy nuestros pobres del mundo están mirándote. ¿Le devuelves tú la mirada con compasión? ¿Tienes compasión por los que están hambrientos? Están hambrientos no sólo de pan y de arroz; están hambrientos de ser reconocidos como seres humanos. Están hambrientos de que tú sepas que ellos tienen su dignidad, de que quieren ser tratados como te tratan a ti. Están hambrientos de amor. *MDV 23*

MIS PALABRAS

*¿Una oración, un cambio de actitud,
una compasión nueva, una acción?*

_____

_____

_____

_____

_____

_____

_____

_____

_____

31a. Semana

LA PALABRA

Génesis 1:26-27

Y dijo Dios: «Hagamos al ser humano a nuestra imagen, como semejanza nuestra, y manden en los peces del mar y en las aves de los cielos y en las bestias y en todas las alimañas terrestres, y en toda las sierpes que serpean por la tierra».

Creó, pues, Dios al ser humano a imagen suya, a imagen de Dios lo creó, macho y hembra los creó.

VIVIR LA PALABRA

Ante un rey y un salón lleno de académicos, diplomáticos, políticos, miembros de las fuerzas armadas en completo uniforme, y un inmenso cuerpo de prensa, la Madre Teresa recibió el mayor homenaje, el Premio Nobel de la Paz. Era el 10 de diciembre de 1979.

Su sari blanco resplandecía bajo los reflectores mientras ella le pedía a toda la asamblea que la acompañara en la oración atribuida al santo universal, Francisco, el pobrecillo de Asís. Ellos lo entonaron al unísono de unas tarjetas que ella había traído consigo. «Señor, hazme instrumento de tu paz. Donde hay odio, que yo siembre amor; donde hay injuria, perdón…»

Aguardando a la Madre Teresa en el estrado del Gran Salón de la Universidad de Oslo estaba el profesor John Sannes, presidente del Comité del Nobel.

«Como una descripción de la obra de la vida de la Madre Teresa podríamos seleccionar el lema que otro laureado con el Premio Nobel de la Paz, Albert Schweitzer, adoptara como el *leitmotiv* de su propia obra: "Veneración por la Vida"». *SAV 2, 402-3*

PALABRAS DE LA MADRE TERESA

LA IMAGEN DE DIOS ESTÁ EN ESTE NIÑO NONATO

La Buena Nueva era la paz para todos los de buena voluntad, y esto es algo que todos queremos: paz de corazón. Y tanto amó Dios al mundo que dio a Su Hijo. Tan pronto como Jesús entró en su vida, María fue de inmediato a dar esa Buena Nueva. Al entrar en la casa de su prima, el niño —el niño aún no nacido, el niño en el vientre de Isabel— saltó de alegría. Él era, ese niñito aún sin nacer, el primer mensajero de la paz. Él anunció al Príncipe de la Paz.

Siento que el mayor destructor de la paz hoy día es el aborto, porque es una guerra directa, un homicidio directo, un asesinato directo, cometido por la madre misma. Leemos en la Escritura, porque Dios dice muy claramente: «Aun si una madre pudiera olvidar a su hijo, yo no te olvidaré. Yo te he formado en la palma de mi mano». Somos formados en la palma de Su mano, muy cerca de Él. Ese niño nonato ha sido formado en la mano de Dios. *Primer diálogo*

MIS PALABRAS

*¿Una oración, un cambio de actitud,
una compasión nueva, una acción?*

_____

_____

_____

_____

32a. Semana

LA PALABRA

Isaías 57:15
Que así dice el Excelso y Sublime,
el que mora por siempre
y cuyo nombre es Santo.
«En lo excelso y sagrado yo moro,
y estoy también con el humillado y abatido de espíritu,
para avivar el espíritu de los abatidos,
para avivar el ánimo de los humillados».

VIVIR LA PALABRA

La Madre Teresa no se tomaba demasiado en serio y nunca ponía énfasis en su dignidad. Era capaz de acuclillarse sin ningún miramiento en el área alfombrada de una terminal de aeropuerto para tener la oportunidad de conversar con las hermanas que se sentaban a su alrededor. Cuando comenzó a usar los trenes indios para visitar las primeras casas de las hermanas, se metía en el espacioso portamaletas para dormir por unas horas. Eso fue antes de que le dieran un pase gratuito en los ferrocarriles de la India. Probablemente fue ese pase el que la llevó a sugerirle a Indian Air Lines que la tomaran como azafata: podría servir comidas y hacer los menesteres que fueran necesarios a cambio de viajar gratis a través de la India para visitar a las hermanas. No consiguió el trabajo, pero en lugar de eso, en 1973 le dieron un pase gratis en Indian Air Lines. *SAV 446*

PALABRAS DE LA MADRE TERESA

UN LAPICITO EN LAS MANOS DE DIOS

Creo que esto es algo muy, muy importante para cada uno de nosotros, para usted y para mí: el estar enamorado de Cristo. ¿Y cómo mostramos ese amor por Cristo? Poniéndolo en práctica: porque toda obra de amor nos acerca cada vez más a Cristo, a Jesús; nos hace cada vez más semejantes a Cristo.

Lo verdaderamente importante es preguntarse: ¿Soy yo, realmente, una colaboradora de Cristo? ¿Inserto real y verdaderamente Su amor en la vida? ¿Soy yo en alguna medida Su instrumento? Yo siempre digo que soy un lapicito en las manos de Dios. Él fabrica la idea, Él escribe, Él lo hace todo. ¡A veces el lápiz está roto! ¡Debe ser afilado un poco más! Sé un pequeño instrumento para que él pueda usarte, en cualquier momento, en cualquier lugar. *Cuarto diálogo*

MIS PALABRAS

¿Una oración, un cambio de actitud,
una compasión nueva, una acción?

_____

_____

_____

_____

_____

33a. Semana

LA PALABRA

Primera Carta de Juan 4:11-14
Queridos,
si Dios nos amó de esta manera,
también nosotros debemos amarnos unos a otros.
A Dios nadie le ha visto nunca.
Si nos amamos unos a otros,
Dios permanece en nosotros
y su amor ha llegado en nosotros a su plenitud.
En esto conocemos que permanecemos en él y él en nosotros:
En que nos ha dado de su Espíritu.
Y nosotros hemos visto y damos testimonio
de que el Padre envió a su Hijo,
como Salvador del mundo.

VIVIR LA PALABRA

Los pobres son personas maravillosas. Una noche salí y recogí a cuatro personas de la calle. Y una de ellas estaba en una terrible condición. Y le dije a las hermanas: «Cuiden ustedes de las otras tres; yo cuidaré de ésta que parece peor». Así, pues, hice por ella todo lo que mi amor podía hacer. La puse en una cama, y había una sonrisa tan hermosa en su cara. Me tomó de la mano mientras decía «gracias», y murió.

No pude dejar de examinar mi conciencia ante ella. Y me pregunté: «¿Qué diría yo si estuviera en su lugar?». Y mi respuesta fue muy sencilla. Habría intentado llamar un poco de atención hacia mí misma. Habría dicho: «Tengo hambre, me estoy muriendo, tengo frío, tengo dolor» o algo por el estilo. Pero ella me dio mucho más: me dio su amor agradecido. Y murió con una sonrisa en su rostro. *Primer diálogo*

PALABRAS DE LA MADRE TERESA

GRANDEZA DE LOS POBRES
Yo me pregunto cómo sería el mundo
si no existieran estas grandes personas que continuamente sufren,
sufren con tal dignidad y amor.

El moribundo que le dijo a una de nuestras hermanas:
«Me voy a la casa de Dios».
No maldijo a nadie.
No dijo nada acerca de sus dificultades,
tan sólo: «Me voy a la casa de Dios».
Luego cerró sus ojos
y se fue a casa.
Así de sencillo y hermoso.
Se fue a casa, a Jesús.
Se fue a casa para ver el rostro de Dios…

No nos percatamos de la grandeza de los pobres
y de cuánto ellos nos dan.   *WTLB 69*

MIS PALABRAS

*¿Una oración, un cambio de actitud,
una compasión nueva, una acción?*

_____

_____

_____

_____

34a. Semana

LA PALABRA

Mateo 18:19-20

Os aseguro también que si dos de vosotros se ponen de acuerdo en la tierra para pedir algo, sea lo que fuere, lo conseguirán de mi Padre que está en los cielos. Porque donde están dos o tres reunidos en mi nombre, allí estoy yo en medio de ellos.

VIVIR LA PALABRA

Cuando varias de nosotras viajábamos con ella, la Madre Teresa nos incluía en la oración. Rezábamos el rosario, y cada persona se hacía cargo de uno de los misterios. En una ocasión en que íbamos viajando a través de Minnesota, nos unimos en oración para que un desempleado encontrara trabajo. Después de la oración, la Madre Teresa dijo: «Démosle gracias a Dios por el empleo del hombre». La Madre Teresa dio por sentado que «todo lo que pidieres, creyendo, lo recibiréis». El hombre consiguió el empleo.

Viajar con la Madre Teresa era experimentar la presencia de una persona completamente sosegada. En una ocasión nos conducían a una velocidad vertiginosa por el centro de Chicago para ir a tomar un avión. Patty Kump y yo nos estábamos quedando sin resuello al hacer rápidos giros en el tránsito, casi arañando un taxi y lanzándonos hacia adelante como un cohete tan pronto el semáforo encendía la luz verde. El semblante de la Madre Teresa nunca cambió: ella estaba apaciblemente sentada con las cuentas de su rosario en las manos, rezando. *SAV 443*

PALABRAS DE LA MADRE TERESA

EMPIECEN CON EL «PADRENUESTRO»

Si podemos introducir la oración en la familia, la familia se mantendrá unida. Se amarán unos a otros. Sencillamente reúnanse por cinco minutos. Comiencen con el Padrenuestro, ¡eso es todo! O podemos decir:

«Mi Señor, yo te amo.
Dios mío, lo lamento.
Dios mío, yo creo en ti.
Dios mío, confío en ti.
Ayúdanos a amarnos mutuamente
como Tú nos amas».

De aquí es de donde les llegará la fuerza.   *WTLB 57*

MIS PALABRAS

*¿Una oración, un cambio de actitud,
una compasión nueva, una acción?*

_____

_____

_____

_____

_____

_____

35a. Semana

LA PALABRA

Segunda Carta de Pablo a los Corintios 12:9-10
«Mi gracia te basta, que mi fuerza se muestra perfecta en la flaqueza». Por tanto, con sumo gusto seguiré gloriándome sobre todo en mis flaquezas, para que habite en mí la fuerza de Cristo. Por eso me complazco en mis flaquezas, en las injurias, en las necesidades, en las persecuciones y las angustias sufridas por Cristo; pues, cuando estoy débil, entonces es cuando soy fuerte.

VIVIR LA PALABRA

Un reportero le preguntó acerca de una fotografía muy trasegada de la Madre Teresa con un niño bengalí en brazos. Su expresión es de profunda pena, posiblemente mezclada con enojo.

«Sí —comentó ella—, yo estaba enojada. El niño estaba muy enfermo y lo estaban dejando detrás. Es por eso que parezco enojada. Yo lo recogí y lo llevé a *Shishu Bhavan*, nuestro hogar de niños en Calcuta. Hicimos todo, pero murió en dos semanas».

«¿Qué le hace sentirse triste?», le preguntó otro reportero.

«Cosas como ésta. Una mujer vino a nosotros en Calcuta con un bebé enfermo en sus brazos. Íbamos a hacer todo lo que podíamos, y ella me dio al pequeño. Pero el bebé murió allí mismo en mis brazos. Vi la cara de esa mujer mientras estaba allí de pie, y me sentí como ella».

«¿Cuál es su objetivo al recoger personas moribundas?»

«Cada una de ellas es el Cristo desamparado, ¿no?»

«¿Es Cristo parcial hacia los pobres, Madre Teresa?»

«Cristo no es parcial. Él está sediento de nuestro amor, y para darnos la oportunidad de convertir nuestro amor en una práctica viva, Él se hace el pobre, el hambriento, el desnudo. Él lo dijo claramente: "Tuve hambre y me disteis de comer; estuve desnudo y me cubristeis. A mí lo hicisteis"» *SAV 306*

PALABRAS DE LA MADRE TERESA

TENEMOS QUE LANZARNOS EN LA POBREZA

Conocer el problema de la pobreza intelectualmente es no comprenderla. No es por lecturas, conversaciones, caminatas por las villas de miserias (...) que llegamos a comprenderla y a descubrir lo que tiene de malo y de bueno. Tenemos que lanzarnos en ella, vivirla, compartirla.

Sólo al ser uno con nosotros Jesús nos ha redimido. Se nos permite hacer lo mismo; toda la desolación de los pobres, no sólo su pobreza material sino su pobreza espiritual, debe ser redimida. *SAV 474*

MIS PALABRAS

*¿Una oración, un cambio de actitud,
una compasión nueva, una acción?*

_____

_____

_____

_____

36a. Semana

LA PALABRA

Mateo 5:9, 43-45, 48
Bienaventurados los que trabajan por la paz,
porque ellos serán llamados hijos de Dios.

Habéis oído que se dijo: Amarás a tu prójimo *y odiarás a tu enemigo.*
Pues yo os digo: Amad a vuestros enemigos y rogad por los que os
persigan, para que seáis hijos de vuestro Padre celestial, que hace
salir su sol sobre malos y buenos, y llover sobre justos e injustos.

«Vosotros, pues, sed perfectos como es perfecto vuestro Padre celestial».

VIVIR LA PALABRA

En julio de 1981, a la Madre Teresa la invitaron a Corrymeela («Colina de la Armonía» en gaélico), una comunidad de reconciliación. La reunión se celebró en una carpa que dominaba el mar a unas cincuenta millas al norte de Belfast.

La Madre Teresa se puso en contacto con personas de ambos lados del conflicto de Irlanda del Norte. Ella se encontraba en medio de los deudos de hombres, mujeres y niños que habían muerto en casi diez años de esporádica violencia. Algunos tenían miembros de su familia en prisión. La violencia, que estalló por el llamado «Domingo Sangriento» de 1972, cuando los soldados mataron a trece manifestantes desarmados que se pronunciaban a favor de los derechos humanos, era un efecto a largo plazo de la herida abierta que era la partición de la isla. Ella habló en términos evangélicos de amor y perdón.

Mairead Corrigan, que había compartido el Premio Nobel de la Paz con Betty Williams, escribió: «La Madre Teresa no dijo nada que yo no hubiera oído antes o que no hubiera leído en los evangelios, pero ella revitalizó todo. Creo que lo que hace tan efectivas las palabras de la Madre Teresa es que ella vive lo que predica». *SAV 453-4*

PALABRAS DE LA MADRE TERESA

PERDONAR POR AMOR, OLVIDAR POR HUMILDAD

En su pasión, Jesús nos enseñó a perdonar por amor, a olvidar por humildad. ¡Examinemos, pues, nuestros corazones y veamos si hay allí alguna ofensa no perdonada, alguna amargura no olvidada! El medio más rápido y seguro es la «lengua»: usémosla para el bien de otros. Si piensas bien de otros, también hablarás bien de otros y a otros. De la abundancia del corazón habla la boca. Si tu corazón está lleno de amor, hablarás de amor. Si perdonas a otros las malas acciones que te han hecho, tu Padre celestial también te perdonará; pero si no perdonas a otros, entonces tu Padre no te perdonará los errores que has cometido. Es fácil amar a los que están muy lejos. No siempre resulta fácil amar a los que están junto a nosotros. *CoW-N*

MIS PALABRAS

¿Una oración, un cambio de actitud,
una compasión nueva, una acción?

_____

_____

_____

_____

_____

_____

37a. Semana

LA PALABRA

Primera Carta de Juan 3:16-19

En esto hemos conocido lo que es amor:
en que él dio su vida por nosotros.
También nosotros debemos dar la vida por los hermanos.
Si alguno que posee bienes de la tierra,
ve a su hermano padecer necesidad y le cierra su corazón,
¿cómo puede permanecer en él el amor de Dios?
Hijos míos,
no amemos de palabra ni de boca,
sino con obras y según la verdad.
En esto conoceremos que somos de la verdad.

VIVIR LA PALABRA

En una ciudad del nordeste de Calcuta, la Madre Teresa adquirió una parcela de terreno para un Hogar para los Moribundos Indigentes. Sucedió que en esa localidad muchas familias habían construido casas nuevas, y decidieron oponerse a tener a los indigentes en su medio. Levantaron un muro para impedir que la Madre Teresa y las hermanas entraran en la sección. Cuando los partidarios de la obra de la Madre Teresa intentaron remover la barrera, hubo palos.

El día de la llegada de la Madre Teresa, se paró junto a la barrera y le habló a la gente. Se había propagado el rumor de que ella iba a traer leprosos al vecindario. Les explicó que esto no era cierto, que ella traería a los pobres y a los desamparados. La Madre Teresa hizo sus ruegos en favor de los rechazados, pero la barrera se mantuvo. Decidió dejar esa localidad, diciendo: «Lo siento por ustedes. Más tarde lo lamentarán. Ustedes no me han rechazado a mí, sino que han rechazado a los pobres de Dios». Ella acató el rechazo de la gente y se fue. Uno podría verla sacudiéndose el polvo de esa localidad de sus sandalias. *SAV 419*

PALABRAS DE LA MADRE TERESA

AQUELLOS CUYAS LÁGRIMAS SE HAN SECADO

Mi verdadera comunidad es la de los pobres: su seguridad es mi seguridad, su salud es mi salud. Mi hogar está entre los pobres, y no sólo los pobres, sino los más pobres de ellos: las personas a quienes nadie se acercará porque están sucios y padecen enfermedades contagiosas, están llenos de gérmenes e infestados de gusanos; las personas que no pueden ir a la iglesia porque no pueden salir desnudas; las personas que yacen tiradas en la calle, sabiendo que van a morir, mientras otros los miran y siguen de largo; las personas que ya no lloran, ¡porque sus lágrimas se les han secado! El Señor me quiere exactamente donde yo estoy: Él proporcionará las respuestas. *LWB 26*

MIS PALABRAS

*¿Una oración, un cambio de actitud,
una compasión nueva, una acción?*

_____

_____

_____

_____

_____

_____

38a. Semana

LA PALABRA

Primera Carta de Juan 5:20
Pero sabemos que el Hijo de Dios ha venido
y nos ha dado inteligencia
para que conozcamos al Verdadero.
Nosotros estamos en el Verdadero,
en su Hijo Jesucristo.
Este es el Dios verdadero y la Vida eterna.

VIVIR LA PALABRA

Luego de una plática en la iglesia de San Olaf, en Minneápolis, hubo un espacio para preguntas.

Una mujer en una silla de ruedas sorprendió a la congregación al levantar la mano para hacer una pregunta. Ella era víctima de parálisis cerebral, y todo su cuerpo se movía convulsivamente sin cesar. El impedimento le afectaba el habla, pero al fin resultó claro que ella le preguntaba a la Madre Teresa qué podían hacer las personas como ella por otros o por el mundo.

La Madre Teresa no dudó. «Usted puede hacer lo máximo —le replicó—. Puede hacer más que cualquiera de nosotros porque su sufrimiento está unido con el sufrimiento de Cristo en la Cruz, y eso nos da fuerza a todos nosotros. Ore usted con nosotros».

Luego del oficio, la mujer, Mary Wojciak, fue llevada a la sacristía donde, llorando de gozo, abrazó a la Madre Teresa. Ella se hizo miembro de los «Colaboradores Enfermos y Sufrientes de la Madre Teresa» y compuso una oración que concluye de esta manera: «Oh, misericordioso Señor, déjanos sufrir sin pesar, porque en Tu voluntad y en nuestra amable aceptación de esa santa voluntad, radica nuestro eterno destino». Ella murió poco después.   *SAV 371*

PALABRAS DE LA MADRE TERESA

LA PAZ ES SU COMPAÑERA AHORA

Así que tu amado hermano ha muerto. No debes lamentarte por él. Él está con Dios. Todos tenemos que ir allí, al hogar con Dios. Y allí no hay ninguna infelicidad, sino todo *Shanti* (paz), una verdadera *Shanti Nagar* (ciudad de paz). ¿Por qué, pues, vas a estar triste? *Shanti* es su compañera ahora.   *Inédito*

MIS PALABRAS

¿Una oración, un cambio de actitud,
una compasión nueva, una acción?

_____
_____
_____
_____
_____
_____
_____
_____

39a. Semana

LA PALABRA

Carta de Pablo a los Filipenses 2:5-9

Tened entre vosotros los mismos sentimientos que Cristo:
El cual siendo de condición divina,
no retuvo ávidamente el ser igual a Dios.
Sino que se despojó de sí mismo
tomando condición de siervo
haciéndose semejante a los hombres
y apareciendo en su porte como hombre;
y se humilló a sí mismo,
obedeciendo hasta la muerte y muerte de cruz.

VIVIR LA PALABRA

La gente parece pensar, si es que piensa acerca de eso en absoluto, que la Madre Teresa era apenas humana, infatigable. Aunque no les imponía sus necesidades personales a los demás, era profundamente humana. Movida por su infinito pesar, cuando supo que la salud de su madre declinaba y que era seguro que ella y su hermana nunca podrían salir de Albania, escribió: «Ellas son todas Suyas más que mías. No sabes lo que este sacrificio de no ver a mi madre ha redundado para mis hermanas [de la orden]». Posteriormente, mientras el vigor de su madre declinaba, la Madre Teresa escribió: «Su sacrificio y el mío nos acercarán más a Dios».

Cuando un entrevistador le preguntó si no habría querido haber tenido hijos propios, ella le respondió: «Naturalmente, naturalmente. Ese es el sacrificio». Ella declaró públicamente que necesitaba confesarse como cualquier otra persona y que podía cometer errores, incluso en la colocación de las hermanas. «Yo puedo cometer errores —decía—, pero Dios no comete errores». *SAV 448*

PALABRAS DE LA MADRE TERESA

DIOS NO PUEDE LLENAR LO QUE ESTÁ LLENO

En una carta a un sacerdote que se quejaba de sentirse vacío y agotado:

«Tú le has dicho "sí" a Jesús, y Éste te ha tomado la palabra. La Palabra de Dios se hizo hombre-pobre; tu palabra dada a Dios se hizo Jesús-pobre. De ahí, pues, esa terrible vacuidad que experimentas. Dios no puede llenar lo que está lleno; Él sólo puede llenar la vacuidad —la profunda pobreza—, y tu "sí" es el comienzo de ser o de llegar a estar vacío. No se trata de cuánto realmente "tenemos" para dar, sino de cuán vacíos estamos, de manera que podamos recibirle plenamente en nuestra vida y dejar que Él viva Su vida en nosotros». *SAV 448*

MIS PALABRAS

*¿Una oración, un cambio de actitud,
una compasión nueva, una acción?*

_____

_____

_____

_____

_____

40a. Semana

LA PALABRA

Proverbios 21:13
Quien cierra los oídos a las súplicas del débil
clamará también él y no hallará respuesta.

Proverbios 22:2
El rico y el pobre se encuentran,
a los dos los hizo Yahveh.

VIVIR LA PALABRA

Lo que veo hoy día es tantas familias rotas, tanta tristeza, tanto dolor. Un hombre o una mujer se nos acercan continuamente para pedirnos oraciones porque la familia se ha roto. Sin embargo, entre nuestros pobres en la India el amor de familia es vigoroso.

Yo recogí a una niñita, sucia y miserable, y la llevé a Shishu Bhavan, nuestro hogar de niños. Le dimos ropa limpia y la alimentamos. Pero al día siguiente desapareció. Algún tiempo después la trajeron de nuevo. Le lavaron la mugre, y tuvo buena comida y una cama limpia. Pero volvió a desaparecer. Le pedí a una hermana que la buscara. Finalmente ella encontró a la niña. Estaba sentada bajo un árbol, y la madre estaba cocinando algo sobre dos piedras. A veces la madre abrazaba a la niña. Esa niña tenía su hogar debajo de ese árbol. Y era más feliz allí que con nosotros donde lo tenía todo. *Sexto diálogo*

PALABRAS DE LA MADRE TERESA

¿TIENEN LOS POBRES SEGURO MÉDICO?

Cuando nuestras hermanas fueron a París para empezar la obra, los líderes de la Iglesia les explicaron acerca del seguro médico. Iban a tener a todas las hermanas aseguradas y ya tenían los formularios listos.

Yo les dije: «No, eso no es para nosotros». Todo el mundo se asombró e intentaron hacerme cambiar de idea. «¿Tienen los pobres con quienes trabajamos seguro médico?» Eso arregló el asunto.

Si vivimos con los pobres, debemos compartir su pobreza y depender de la providencia de Dios Todopoderoso para obtener Su ayuda. Esa es nuestra fe. *Inédito*

MIS PALABRAS

¿Una oración, un cambio de actitud,
una compasión nueva, una acción?

_____

_____

_____

_____

_____

_____

41a. Semana

LA PALABRA

Primera Carta de Pedro 3:18, 19, 21, 22

Pues también Cristo, para llevarnos a Dios, murió una sola vez por los pecados, el justo por los injustos, muerto en la carne, vivificado en el espíritu. En el espíritu fue también a predicar a los espíritus encarcelados.

A ésta corresponde ahora el bautismo que os salva y que no consiste en quitar la suciedad del cuerpo, sino en pedir a Dios una buena conciencia por medio de la Resurrección de Jesucristo, que, habiendo ido al cielo, está a la diestra de Dios, y le están sometidos los Ángeles, las Dominaciones y las Potestades.

VIVIR LA PALABRA

«¿Cómo puede un Dios misericordioso —preguntó un periodista— permitir tanto sufrimiento: niños que mueren de hambre, personas que mueren en terremotos en Guatemala? ¿Qué puede usted decir de eso?»

La Madre Teresa le respondió afable y meditativamente.

«Todo ese sufrimiento: ¿dónde estaría el mundo sin él? Es sufrimiento inocente, y ése es el mismo sufrimiento de Jesús. Él sufrió por nosotros, y todos los sufrimientos inocentes se unen al Suyo en la redención. Es corredención. Eso ayuda a salvar al mundo de cosas peores».

Una muchacha seria inquirió: «¿No es casi imposible ser cristiano en nuestra sociedad?».

«Sí —replicó la Madre Teresa—. Es difícil. Y no podemos hacerlo sin ayuda, sin oración. Nosotros los católicos tenemos el cuerpo de Cristo. Esto nos da la fuerza que necesitamos. Jesús viene a nosotros en forma de pan para mostrarnos Su amor por nosotros, y Él se convierte en el hambriento de manera que podamos alimentarlo. Él siempre está presente, en el hambriento, en el desamparado, en el desnudo». *SAV 307*

PALABRAS DE LA MADRE TERESA

LA ORACIÓN, ALGO PARA ESPERAR CON ILUSIÓN

La oración no se supone que sea una tortura, no se supone que nos haga sentir incómodos; no se supone que nos moleste. Es algo para esperar con ilusión, para conversar con mi Padre, para conversar con Jesús, el único a quien pertenezco: cuerpo, alma, mente, corazón.

Y esto es lo que nos hace contemplativos en el corazón del mundo, porque estamos veinticuatro horas, pues, en Su presencia: en los hambrientos, en los desnudos, en los desamparados, en los indeseados, en los que nadie ama y de los que nadie se ocupa, porque Jesús dijo: «Todo lo que hagáis al más pequeño de mis hermanos, a mí me lo hacéis».

Por tanto, al hacerlo para Él, oramos al trabajar; porque al hacerlo con Él, lo hacemos por Él, al hacérselo a Él lo estamos amando, y al amarlo a Él nos acercamos cada vez más a esa unidad con Él y le permitimos que viva Su vida en nosotros. Y esta vida de Cristo en nosotros es la santidad. *Segundo diálogo*

MIS PALABRAS

¿Una oración, un cambio de actitud,
una compasión nueva, una acción?

_____

_____

_____

_____

42a. Semana

LA PALABRA

Segunda Carta de Pablo a los Corintios 1:5-6, 20

Pues, así como abundan en nosotros los sufrimientos de Cristo, igualmente abunda también por Cristo nuestra consolación. Si somos atribulados, lo somos para consuelo y salvación vuestra; si somos consolados, lo somos para el consuelo vuestro, que os hace soportar con paciencia los mismos sufrimientos que también nosotros soportamos. Pues todas las promesas hechas por Dios han tenido su sí en él; y por eso decimos por él «Amén» a la gloria de Dios.

VIVIR LA PALABRA

En la Nochebuena de 1985, vimos a la Madre Teresa ayudar a un hombre pequeño a subir las gradas de un hospicio en el Greenwich Village de Nueva York. Él había sido puesto en libertad al cuidado de las hermanas, de manera que no pasara sus últimos días detrás de los muros de una prisión. El hospicio se llamaba Don del Amor (*Gift of Love*) y estaba dirigido por cuatro misioneras de la caridad. Era para pacientes que se encontraran en las etapas finales de la aflicción mortal del SIDA.

La Madre Teresa explicó por qué quería que la apertura fuera en Nochebuena. «Entonces Jesús nació, en consecuencia yo quería ayudarles a nacer otra vez en gozo y amor y paz. Esperamos que ellos podrán vivir y morir en paz siendo objetos de tierno amor y cuidado, porque cada uno de ellos es Jesús enmascarado en el dolor».

La inauguración del hospicio del SIDA pareció abrir muchos corazones. «Tantas personas se han dado a conocer —dijo la Madre Teresa—. Es hermoso». *SAV 492-3*

PALABRAS DE LA MADRE TERESA

DI QUE SÍ A JESÚS

Sólo tenemos que decirle que sí a Él. Eso es lo que yo ruego para ustedes. Realmente ruego que ustedes realmente sean Su amor, Su compasión, Su ternura.

Con esta enfermedad del SIDA creo que Dios nos está diciendo algo más. Dios está dándonos algo, de manera que podamos mostrar ese tierno amor, esa solicitud. En este mundo atribulado, esta enfermedad ha venido a enseñarnos algo, a abrir nuestros ojos a la necesidad del tierno amor que todos tenemos y que se ha olvidado, que ha sido echado fuera. Recuerdo cuando esas personas con SIDA estaban en la cárcel y teníamos que sentarnos en esa cárcel, y uno dijo: «Yo no quiero morir aquí, yo no quiero morir en la cárcel». Y luego, gracias a Dios, oramos y oramos a Nuestra Señora, y luego llamamos al gobernador y al alcalde. Ocurrió un gran milagro, creo yo. En los Estados Unidos tarda mucho tiempo poner todos los papeles en orden, pero a las pocas horas los hombres salieron de la prisión. *Cuarto diálogo*

MIS PALABRAS

¿Una oración, un cambio de actitud,
una compasión nueva, una acción?

_____

_____

_____

_____

_____

43a. Semana

LA PALABRA

Lucas 12:16-21

Les dijo una parábola: «Los campos de cierto hombre rico dieron mucho fruto; y pensaba entre sí, diciendo: "¿Qué haré, pues no tengo donde reunir mi cosecha?" Y dijo: "Voy a hacer esto; Voy a demoler mis graneros, y edificaré otros más grandes y reuniré allí todo mi trigo y mis bienes, y diré a mi alma: Alma, tienes muchos bienes en reserva para muchos años. Descansa, come, bebe, banquetea". Pero Dios le dijo: "¡Necio! Esta misma noche te reclamarán el alma; las cosas que preparaste, ¿para quién serán?" Así es el que atesora riquezas para sí, y no se enriquece en orden a Dios».

VIVIR LA PALABRA

Había una señora, una india, una dama muy rica, que vino a verme. «Madre Teresa —me dijo—, yo la quiero mucho y deseo hacer algo por usted».

Yo le dije: «Sí. Eso sería muy bienvenido».

«Tengo un gran amor por los saris hermosos —me dijo—. Siempre me compro saris muy caros». Sus saris costaban 800 rupias. (Los nuestros costaban ocho.)

Luego me dijo que ella compraba un sari nuevo todos los meses.

Así, pues, le dije: «Deje que sus saris participen de la obra. La próxima vez que usted vaya al mercado a comprar un sari, compre un sari de 700 rupias, luego de 600, luego de 500. El resto puede destinarse a los saris de los pobres. Y así cada vez más baratos hasta que usted descienda hasta un sari de 100 rupias». Yo no le permití bajar más.

Para ella, éste era un gran sacrificio. Pero le trajo tanto gozo, a ella y a toda su familia, porque todos tomaban parte en ello.   *Cuarto diálogo*

PALABRAS DE LA MADRE TERESA

DIOS NO SE IMPONE
La fe es un don de Dios,
pero Dios no se impone.

Cristianos, musulmanes, hindúes, creyentes y no creyentes, tienen la oportunidad con nosotras de hacer obras de caridad, tienen la oportunidad con nosotras de compartir el gozo de amar y llegar a darse cuenta de la presencia de Dios.
Los hindúes se hacen mejores hindúes.
Los católicos se hacen mejores católicos.
Los musulmanes se hacen mejores musulmanes.   *WTLB 35*

MIS PALABRAS

*¿Una oración, un cambio de actitud,
una compasión nueva, una acción?*

_____
_____
_____
_____
_____

44a. Semana

LA PALABRA

Mateo 13:44
El Reino de los Cielos es semejante a un tesoro escondido en un campo que, al encontrarlo un hombre, vuelve a esconderlo y, por la alegría que le da, va, vende todo lo que tiene y compra el campo aquel.

VIVIR LA PALABRA

Una vez que la Madre Teresa encontró a un grupo de colaboradores desanimados, les levantó el ánimo con un chiste. El chiste se refería a un viajero cuyo automóvil se rompió al borde en una región desolada y estéril. El único refugio era un monasterio y el único transporte que los monjes podían ofrecerle al hombre era un asno. El viajero insistió en continuar su viaje, de manera que los monjes le explicaron que para manejar al animal, el hombre debía acordarse de decir «Amén, amén» cuando quisiera que se detuviera, pero «Gracias a Dios, gracias a Dios» cuando deseara seguir adelante.

Todo fue bien hasta que se encontró ante un precipicio y el hombre nervioso recordó justo a tiempo gritar «Amén, Amén». El asno se detuvo al borde mismo del precipicio. Luego el hombre dijo con gran fervor: «Gracias a Dios, gracias a Dios», y se cayó al abismo. Estallábamos en risas porque, de cierta manera, era un chiste sobre la Madre Teresa misma, que decía «Gracias a Dios» dondequiera y en todo momento. *SAV 446*

PALABRAS DE LA MADRE TERESA

EL GOZO DE CRISTO RESUCITADO

El gozo es oración, el gozo es fortaleza, el gozo es amor, el gozo es una red de amor con la cual uno puede pescar almas. Dios ama al dador alegre. Da más quien da con gozo. La mejor manera de mostrar nuestra gratitud a Dios y al pueblo es aceptar todo con gozo. Un corazón gozoso es el resultado normal de un corazón ardiente de amor. Nunca dejes que nada te llene tanto de pesar como para hacerte olvidar el gozo de Cristo resucitado. *SBFG 68*

MIS PALABRAS

¿Una oración, un cambio de actitud,
una compasión nueva, una acción?

_____

45a. Semana

LA PALABRA

Carta de Pablo a los Romanos 6:4-6

Fuimos, pues, con Él sepultados por el bautismo en la muerte, a fin de que, al igual que Cristo fue resucitado de entre los muertos por medio de la gloria del Padre, así también vivamos una vida nueva. Porque si nos hemos hecho una misma cosa con Él por una muerte semejante a la suya, también lo seremos para una resurrección semejante; sabiendo que nuestro hombre viejo fue crucificado con Él, al fin de que fuera destruido este cuerpo de pecado y cesáramos de ser esclavos del pecado.

VIVIR LA PALABRA

Millares de personas que padecen de SIDA andan por las calles. Yo abrí nuestra primera casa para pacientes de SIDA en la ciudad de Nueva York. Ya han muerto catorce, porque no hay cura para esta enfermedad.

Un paciente tuvo que dejar nuestro hogar para ir al hospital. Cuando lo visitamos, me dijo: «Madre Teresa, usted es mi amiga. Quisiera conversar con usted a solas».

¿Qué dijo él luego de veinticinco años de estar apartado de Dios? «Cuando tengo el terrible dolor de cabeza, lo comparto con Jesús y sufro como Él sufrió cuando fue coronado con espinas. Cuando tengo el terrible dolor en la espalda, lo comparto con Él cuando fue azotado en la columna; y cuando me duelen las manos y los pies, lo comparto con Él cuando lo clavaron a la Cruz. Le pido que me lleve al hogar. Quiero morir con usted».

Obtuve el permiso y lo llevé a nuestro hogar, Don del Amor, y lo llevé a la capilla. Nunca he oído a nadie hablarle a Jesús como este hombre le hablaba, tan tiernamente, tan lleno de amor. Murió tres días después. *CoW-N*

PALABRAS DE LA MADRE TERESA

UN SIGNO DE SU AMOR

El sufrimiento compartido con la pasión de Cristo es un don maravilloso. El más hermoso don del hombre es que pueda participar en la pasión de Cristo. Ciertamente, un don y un signo de Su amor, porque fue de este modo que Su Padre demostró que Él amaba al mundo, entregando a Su Hijo para que muriera por nosotros.

Y así en Cristo se demostró que el mayor don es el amor, porque sufriendo fue cómo Él pagó por nuestro pecado. *CoW-N*

MIS PALABRAS

*¿Una oración, un cambio de actitud,
una compasión nueva, una acción?*

_____

_____

_____

_____

_____

_____

46a. Semana

LA PALABRA

Primera Carta de Pablo a los Corintios 1:4-9

Doy gracias a Dios sin cesar por vosotros, a causa de la gracia de Dios que os ha sido otorgada en Cristo Jesús, pues en él habéis sido enriquecidos en todo, en toda palabra y en todo conocimiento, en la medida en que se ha consolidado entre vosotros el testimonio de Cristo. Así, ya no os falta ningún don de gracia a los que esperáis la Revelación de nuestro Señor Jesucristo. Él os fortalecerá hasta el fin para que seáis irreprensibles en el Día de nuestro Señor Jesucristo. Pues fiel es Dios, por quien habéis sido llamados a la comunión con su hijo Jesucristo, Señor nuestro.

VIVIR LA PALABRA

Recuerdo un día en que visité a una señora que tenía un cáncer muy maligno. Ella tenía hijos pequeños, y yo no sabía cuál era la mayor agonía, la agonía del cuerpo o la agonía de dejar a sus hijos.

Estaba realmente muriéndose, y yo le dije: «Usted sabe que esto no es sino el beso de Jesús. Vea, Jesús la ama tanto, usted ha llegado a estar tan cerca de Jesús en la Cruz, que Él puede besarla».

Ella juntó sus manos y me dijo: «Madre Teresa, por favor, dígale a Jesús que deje de besarme».

A veces uno tiene que decirle a Jesús: «Por favor, deja de besarme». Dígaselo. Y cuando usted se sienta generoso, y no tenga demasiadas cosas que ofrecer, diga: «Jesús, sigue besándome».   *Cuarto diálogo*

PALABRAS DE LA MADRE TERESA

APRENDE A ORAR POR MEDIO DEL AMOR

Fueron los apóstoles quienes le pidieron a Jesús: «Señor, enséñanos a orar», porque ellos lo vieron orar tan a menudo y sabían qué Él estaba hablándole a Su Padre. Lo que deben haber sido esas horas de oración; lo sabemos sólo por ese continuo amor de Jesús por Su Padre: «¡Padre mío!». Y les enseñó a sus discípulos una manera muy sencilla de hablar con Dios mismo.

Antes de que Jesús viniera, Dios era grande en Su majestad, grande en Su creación. Y luego cuando Jesús vino, Él se hizo uno de nosotros, porque Su Padre amó tanto al mundo que dio a Su Hijo. Y Jesús amó a Su Padre y quiso que aprendiéramos a orar amándonos los unos a los otros como el Padre lo ha amado a Él.

«Yo os amo —repetía—; como el Padre os ama, amadle». Y su amor fue la Cruz; Su amor fue el pan de vida. *Segundo diálogo*

MIS PALABRAS

*¿Una oración, un cambio de actitud,
una compasión nueva, una acción?*

_____

_____

_____

_____

_____

_____

47a. Semana

LA PALABRA

Carta a los Hebreos 12:14
Procurad la paz *con todos, y la santidad sin la cual nadie verá al Señor.*

VIVIR LA PALABRA

La Madre Teresa llegó a Beirut en agosto de 1982 cuando las bombas y los cañonazos estaban en su peor momento. Ann Petrie contaba: «Los objetivos no estaban a más de cinco millas de la casa de las hermanas. La devastación era horripilante».

A la Madre Teresa le informó la Cruz Roja de la difícil situación de unos niños minusválidos y mentalmente enfermos cuyo hogar, un centro caritativo musulmán, había sido dañado por las bombas.

La Madre Teresa oró por un cese al fuego para que ella pudiera traer a los niños para que las hermanas los cuidaran. El problema era que los niños se encontraban más allá de la Línea Verde, la tierra de nadie que separaba el sector predominantemente musulmán del Beirut Oriental, que era el barrio de los cristianos libaneses.

Las hermanas se unieron a la Madre Teresa en oración, pidiéndole al Señor un cese al fuego. Ann Petrie y su hermana Jeanette filmaron el drama que siguió:

Un súbito cese al fuego se produjo en Beirut; la Madre Teresa cruzó el punto de control de la Línea Verde y se adentró, con cuatro vehículos de la Cruz Roja, en el Beirut Occidental asolado por la guerra. Ella condujo el rescate de 37 niños, todos hambrientos, sedientos y temerosos, y se puso en medio de ellos, abrazándolos. *SAV 456*

PALABRAS DE LA MADRE TERESA

YO NO LO ENTIENDO

«Yo nunca había estado en una guerra antes —dijo ella en Beirut—, pero he visto el hambre y la muerte. Me preguntaba qué sentían cuando hacían esto. No lo entiendo. Ellos todos son hijos de Dios. ¿Por qué hacen esto? No lo entiendo».

Cuando el gasto de miles de millones de dólares se justificaba con lo que se define por defensa, la Madre Teresa ofreció un significado diferente de la palabra. «Hoy día —aseveró—, las naciones ponen demasiado empeño y dinero en defender sus fronteras. Si sólo pudieran defender a las personas indefensas con alimento, abrigo y ropa, creo que el mundo sería un lugar más feliz». *SAV 457*

MIS PALABRAS

¿Una oración, un cambio de actitud,
una compasión nueva, una acción?

_____

_____

_____

_____

_____

_____

_____

48a. Semana

LA PALABRA

Segunda Carta de Pablo a los Corintios 13:3-5
Ya que queréis una prueba de que habla en mí Cristo, el cual no es débil para con vosotros, sino poderoso entre vosotros. Pues, ciertamente, fue crucificado en razón de su flaqueza, pero está vivo por la fuerza de Dios. Así también nosotros: somos débiles en él, pero viviremos con él por la fuerza de Dios sobre vosotros.

VIVIR LA PALABRA

Al igual que estuvo presente en la agonía de Calcuta y en la de otras grandes ciudades de la India, así también la Madre Teresa presenció la angustia de Bhopal, una ciudad a 400 millas al sur de Delhi, cuando una nube mortal envolvió a una barriada miserable y superpoblada la noche del 3 de diciembre de 1984. El aire emponzoñado, debido a un escape de una fábrica de insecticidas, penetró silenciosamente en la villa de miseria, matando a mucha gente mientras dormía. Más de 2.500 personas murieron en unos pocos días, y más de 100.000 sufrieron lesiones graves en los ojos y los pulmones. Las Misioneras de la Caridad, que habían estado trabajando en Bhopal, se libraron de estar entre las víctimas porque el viento llevó el mortífero gas en otra dirección.

Aun mientras los muertos estaban siendo cremados o enterrados, la Madre Teresa acudió a toda prisa a Bhopal con equipos de las Misioneras de la Caridad para trabajar con las hermanas que ya estaban en el lugar. «Hemos venido a amar y cuidar a los que más lo necesitan en esta terrible tragedia», dijo la Madre Teresa, mientras iba de centro en centro, de un hospital a otro, visitando a las víctimas. *SAV 468*

PALABRAS DE LA MADRE TERESA

SUFRIMIENTO REDENTOR

Sin nuestro sufrimiento, nuestra obra sería simplemente de justicia social, muy buena y útil, pero no sería la obra de Jesucristo, no parte de la Redención. Jesús quería ayudar compartiendo nuestra vida, nuestra soledad, nuestra agonía, nuestra muerte. Sólo al ser uno con nosotros, Él nos ha redimido. A nosotros se nos permite hacer lo mismo; toda la desolación de los pobres, no sólo su pobreza material, sino también su indigencia espiritual, debe ser redimida, y debemos compartirla, porque sólo siendo uno con ellos podemos redimirlos, es decir, llevarles a Dios a sus vidas y traerlos a ellos a Dios. *SBFG 67-68*

MIS PALABRAS
¿Una oración, un cambio de actitud,
una compasión nueva, una acción?

_____

_____

_____

_____

_____

_____

_____

_____

49a. Semana

LA PALABRA

Segunda Carta de Pablo a los Corintios 1:3-5
¡Bendito sea el Dios y Padre de nuestro Señor Jesucristo, Padre de las misericordias y Dios de toda consolación, que nos consuela en toda tribulación nuestra para poder nosotros consolar a los que están en toda tribulación, mediante el consuelo con que nosotros somos consolados por Dios! Pues, así como abundan en nosotros los sufrimientos de Cristo, igualmente abunda también por Cristo nuestra consolación.

VIVIR LA PALABRA

Hubo un pequeño grupo en América Latina que no acogió a las hermanas y que las dejó sorprendidas al sugerir que sería mejor que se fueran. Un cierto grupo de sacerdotes les dijeron a las hermanas que los problemas exigían más de lo que ellas podían dar. Era hora de cambiar las estructuras mismas que acrecentaban la pobreza que les rodeaba. Les dijeron que las Misioneras de la Caridad no estaban haciendo nada para cambiar esas estructuras, y por consiguiente, estaban prolongando la miseria de la gente.

Las hermanas no discutieron, pero siguieron adelante con su propio ministerio, la agotadora tarea de alimentar a una anciana dada de alta de un hospital del gobierno, lavar a un borracho de ojos vidriosos echado a morir en la calle, o rescatar niñitos y niñitas abandonadas a la oscuridad y el hambre.

La Madre Teresa decía que ella estaba a favor de una revolución. Seguía diciendo de sí misma lo que ya otros habían dicho de ella, que era una revolucionaria, que laboraba en pro de una revolución de amor. *SAV 269-70*

PALABRAS DE LA MADRE TERESA

¿MALGASTAMOS NUESTRA PRECIADA VIDA?

Puede haber ocasiones cuando pareciera que malgastamos nuestra preciada vida y enterramos nuestros talentos. Malgastamos enteramente nuestras vidas si nos valemos tan sólo de la luz de la razón. Nuestra vida no tiene ningún significado a menos que miremos a Cristo en su pobreza.

Hoy día, cuando todo se cuestiona y se cambia, volvamos a Nazaret. Jesús había venido a redimir al mundo: a enseñarnos ese amor de Su Padre. ¡Qué extraño que Él pasara treinta años sin hacer nada, malgastando Su tiempo!, sin darle una oportunidad a Su personalidad o a Sus dones, porque sabemos que a los doce años de edad Él silenció a los doctos sacerdotes del templo, que sabían tanto y tan bien. Pero cuando Sus padres lo encontraron, Él descendió a Nazaret y se sujetó a ellos. *LIS 49*

MIS PALABRAS

¿Una oración, un cambio de actitud,
una compasión nueva, una acción?

_____

_____

_____

_____

_____

_____

_____

50a. Semana

LA PALABRA

Carta de Pablo a los Colosenses 1:3-6

Damos gracias sin cesar a Dios, Padre de nuestro Señor Jesucristo, por vosotros en nuestras oraciones, al tener noticia de vuestra fe en Cristo Jesús y de la caridad que tenéis con todos los santos, a causa de la esperanza que os está reservada en los cielos y acerca de la cual fuisteis ya instruidos por la Palabra de la verdad, el Evangelio, que llegó hasta vosotros, y fructifica y crece entre vosotros lo mismo que en todo el mundo, desde el día en que oísteis y conocisteis la gracia de Dios en la verdad.

VIVIR LA PALABRA

Cuando el primer comedor de caridad se estableció en una calle muy vieja de un barrio urbano pobre de Madrid, fue en una zona donde había unas cuantas tabernas, restaurantes mediocres y hospederías baratas.

La cuadrilla de jóvenes de la discoteca no tardó en involucrarse y virtualmente tomaron el lugar, echando abajo paredes, removiendo escombros, cargando ladrillos y mezclando argamasa. Según el trabajo avanzaba, los que vivían a lo largo de la calle se preguntaban qué estaban haciendo esos muchachos. Se sentían curiosos, y a veces indagaban: «¿Qué intentáis hacer: construir vuestro propio club o discoteca?». Pero los jóvenes guardaron su «secreto» hasta que finalmente la presencia diaria de las hermanas de la Madre Teresa hizo evidente para todos en qué estaban ocupados.   *SOMT 66-67*

PALABRAS DE LA MADRE TERESA

GOZO, UNA RED DE AMOR

«Es con gozo que debemos encontrarnos con Cristo bajo Su más-cara de bajeza —dice la Madre Teresa—, puesto que el gozo es amor. El gozo es una oración; el gozo es fortaleza; el gozo es una red de amor en la cual uno puede pescar almas. Dios ama a la persona que da gozo-samente, y la persona que da gozosamente da más. La mejor manera de mostrar nuestra gratitud a Dios y a otra persona es aceptar todo gozo-samente. Un corazón jubiloso es el resultado natural de un corazón que arde de amor». *LWB 63-64*

MIS PALABRAS

¿Una oración, un cambio de actitud,
una compasión nueva, una acción?

_____

_____

_____

_____

_____

_____

_____

_____

_____

_____

51a. Semana

LA PALABRA

Segunda Carta de Pablo a los Corintios 5:17-19

Por tanto, el que está en Cristo, es una nueva creación; pasó lo viejo, todo es nuevo. Y todo proviene de Dios, que nos reconcilió consigo por Cristo y nos confió el ministerio de la reconciliación. Porque en Cristo estaba Dios reconciliando al mundo consigo, no tomando en cuenta las transgresiones de los hombres, sino poniendo en nosotros la palabra de la reconciliación.

VIVIR LA PALABRA

Cuando, en abril de 1988, se celebró en Oxford la primera Conferencia Global de Líderes Espirituales y Parlamentarios sobre Supervivencia Humana, la Madre Teresa fue invitada a participar. Cien dirigentes espirituales, científicos y políticos llevaron sus mensajes. El Dalai Lama advirtió sobre el daño a la salud del planeta Tierra. El científico Carl Sagan abordó la urgencia de usar los recursos que se gastaban en armas de muerte para una alternativa tecnológica de vida para el Tercer Mundo. La Madre Teresa se concentró en la persona humana, imagen de Dios, como la había visto a esa persona la noche anterior en la «ciudad de cartón» en Londres.

«Estaban dentro de cajas de cartón como pequeños ataúdes —dijo—. Allí estaba tendido un hombre, protegiéndose del frío, sin esperanza y sin hogar. Yo le estreché la mano. Él me dijo: "Hace tanto que no sentía el calor de una mano humana"». Ella llevó el mensaje de las necesidades de los desamparados a una reunión personal con la Primera Ministra de Inglaterra. *Inédito*

PALABRAS DE LA MADRE TERESA

CADA ACTO DE AMOR UNA ORACIÓN

Gandhi dijo: «El que sirve a los pobres sirve a Dios…».

Todo acto de amor es una oración.

Antes de que le transmitamos esta oración a alguien más, pongamos la oración en la vida, contra la muerte. La oración en práctica es amor. El amor en práctica es servicio. *Tercer diálogo*

«No usemos bombas ni fusiles para vencer al mundo. Usemos el amor y la compasión. Prediquemos la paz de Cristo como Él lo hizo. Él fue por todos lados haciendo el bien. Si todo el mundo pudiera ver la imagen de Dios en su prójimo, ¿creen que seguiríamos teniendo necesidad de tanques y generales?»   SAV 479

MIS PALABRAS

¿Una oración, un cambio de actitud,
una compasión nueva, una acción?

_____

_____

_____

_____

_____

_____

_____

_____

52a. Semana

LA PALABRA

Juan 15:9-11
Como el Padre me amó,
yo también os he amado a vosotros;
permaneced en mi amor.
Si guardáis mis mandamientos,
permaneceréis en mi amor,
como yo he guardado los mandamientos de mi Padre,
y permanezco en su amor.
Os he dicho esto,
para que mi gozo esté en vosotros,
y vuestro gozo sea colmado.

VIVIR LA PALABRA

Cuando Santa Teresita murió, relataba la Madre Teresa, apenas se echó a ver. Había vivido tan silenciosamente apartada del mundo. Cuando fue declarada santa, el Papa dijo: «Ella hizo cosas comunes con un amor extraordinario». Eso es lo que nuestras hermanas están haciendo alrededor del mundo: cosas pequeñas, cuidar de los enfermos y los desamparados, lavar, limpiar.

No hace mucho, en nuestro hogar para enfermos del SIDA en Nueva York, un joven estaba agonizando. Sufría mucho, pero se aferraba a la vida hora tras hora. La hermana le preguntó si necesitaba algo además de la atención que recibía.

Él le contestó: «No puedo morir hasta que le pida perdón a mi padre».

La hermana encontró al padre, y él vino inmediatamente en avión.

El hijo se reconcilió con el padre. Luego el joven murió en amor y paz en el hogar Don del Amor.   *Sexto diálogo*

PALABRAS DE LA MADRE TERESA

NO PODEMOS DAR LO QUE NO TENEMOS

Tengo una oración para ti. Devuélvele la oración a la familia. Haz de tu familia una familia de amor. El amor comienza en el hogar.

No podemos dar lo que no tenemos. Es por eso que es necesario crecer en el amor. ¿Y cómo crecemos en el amor? Amando, amando hasta que duela.

Tú y yo debemos examinarnos. Nuestra presencia, nuestra voz, ¿qué le brinda a la gente? «¿Nos miran ellos —como dice la oración del cardenal Newman—, y ven sólo a Jesús?»

Cuando miramos a la Cruz, sabemos cuánto Jesús nos amó. Cuando miramos al Tabernáculo, sabemos cuánto Él nos ama ahora.

Estamos trabajando en cientos de casas en 80 países. Ora por nosotros para que no dañemos la obra de Dios.   *Sexto diálogo*

MIS PALABRAS

*¿Una oración, un cambio de actitud,
una compasión nueva, una acción?*

_____

_____

_____

_____

Un retiro
en el espíritu
de la Madre Teresa
y las Misioneras
de la Caridad

A veces somos atraídos a orar más de lo que acostumbramos. Podríamos llenar esta necesidad siguiendo un retiro personal. La palabra «retiro» se usa aquí en un sentido muy general. Los retiros formales y dirigidos son de una naturaleza completamente distinta, como lo son los retiros en un ambiente particular donde hay guías espirituales a disposición de los participantes.

Podríamos escoger una semana del año, solos o con otros, para orar con la Madre Teresa y las Misioneras de la Caridad. Cada día comienza con una cita de la Constitución preparada por la Madre Teresa para la congregación que ella fundó.

La oración diaria rezada por las hermanas es seguida por la letanía diaria. La Madre Teresa ha tomado las oraciones y las letanías de varias fuentes: por ejemplo, la oración «Para irradiar a Cristo» fue escrita por el cardenal Newman, mientras la Letanía de la Humildad, que se reza el martes, se le atribuye al cardenal Merry del Val. Un colaborador seglar comentaba que antes de emprender la Letanía de la Humildad, uno debe pedir valor para rezarla.

Estas oraciones son sólo una parte de la vida devota diaria de las hermanas, cuya existencia está entrelazada con la Eucaristía, y que pasan una hora diariamente en la capilla. Una hora dedicada a meditar en la iglesia resultaría fructífera al hacer este retiro, que podría planearse para esa semana de tensiones que antecede a Navidad, para traer a nuestras mentes el maravilloso misterio de la llegada de Cristo a nosotros en carne humana; podría escogerse la Semana de la Pasión, para concluir con la resurrección del Mesías crucificado. Siempre que se planee el retiro semanal (incluso en memoria de pesares o alegrías personales o de la familia), el hecho mismo de orar con la Madre Teresa y las Misioneras de la Caridad tiene un significado especial. Unirnos con ellas en oración puede liberarnos de nuestras preocupaciones, aunque sean apremiantes.

Ya sea entre los leprosos de Calcuta, los moribundos del África hambreada, los traperos de la Ciudad de México, las víctimas del SIDA en las ciudades norteamericanas, o los más pobres de los pobres en Haití, las hermanas oran para preservar la misma visión. Detrás de los rasgos deformes del leproso, las mejillas hundidas y los ojos fijos del que está a punto de morirse de inanición, siempre se oculta la pura gloria de Dios, la presencia deslumbrante y hermosa del ser Divino: «Cristo enmascarado en el sufrimiento».

Nos unimos a las Misioneras de la Caridad mientras buscamos a alguien (tal vez alguien cercano a nosotros) que es Cristo enmascarado. Podría ser una persona joven que encuentra irrelevante el camino de Jesús y lleva una vida autodestructiva; podría ser una persona anciana y solitaria que necesita un oído receptivo para un relato muchas veces contado (y, ciertamente, aburrido). Algunos colaboradores llevan a cabo obras de misericordia desde sus propios hogares, aunque los deberes familiares puedan ser pesados o la enfermedad los mantenga en sus casas. Conversan por teléfono con las personas de espíritu quebrantado en sus hogares y los enfermos mentales en las instituciones. Hacen lo que pueden para levantar los corazones de los abatidos y hacerles saber que no los han olvidado. Un colaborador descubrió que una breve llamada telefónica sacaba tanto a un hombre de su abatimiento que decía que toda su perspectiva se iluminaba gracias a esa llamada diaria. Pasado un tiempo, el hombre sugirió que se reunieran para orar. Su condición mejoró tanto que empezó a ocuparse de las necesidades de otros a su alrededor. Oraba por las necesidades de las personas que viven de alguna manera la pasión de Cristo.

Al orar con las Misioneras de la Caridad, pedimos al Espíritu Santificador que les dé fuerzas a nuestros fatigados corazones y cuerpos para albergar mejor a los desamparados en medio nuestro, para servir en un comedor de caridad, ser testigos de la santidad de la vida de otras muchas maneras y para hablar de la justicia. A pesar de las tristezas, las tragedias que nos insensibilizan y los asaltos a la dignidad humana que confrontamos, podemos alegrarnos al despertar en los jóvenes, los solitarios, los humillados o los abandonados el sentido de su propia e infinita dignidad como hijos del Dios Altísimo y hermanos y hermanas de Jesús.

Al final de la semana podemos encontrar alimento en la meditación de la Madre Teresa «¿Quién es Jesús para mí?», escrita en el hospital luego que la Hermana Muerte se le acercara. Podemos orar para captar su visión de Jesús como nuestro «todo en todos».

Domingo

«Regocíjate de que una vez más Cristo camina por el mundo en ti y a través de ti, yendo a hacer el bien». *M.T.*

Alimentándonos diariamente de las Escrituras, particularmente del Nuevo Testamento, creceremos en un conocimiento más profundo y más personal de Jesucristo y de Sus enseñanzas, de manera que podamos alimentar a Sus hijos con la Palabra Divina. *Const.*

ORACIÓN INICIAL

Señor Jesucristo,/ en lo profundo de Tu corazón Tú adoras al Padre eterno;/ de Él Tú provienes como un Hijo radiante,/ engendrado en el amor del Espíritu Santo./ Llévanos cerca de Tu corazón de manera que también nosotros,/ compartiendo Tu filiación divina, podamos adorar al Padre que nos crea a Tu semejanza./ Padre Celestial, trae a todos los que no te conocen/ al amor creativo revelado en el corazón de Tu Hijo. Amén.

ORACIÓN PARA IRRADIAR A CRISTO

Amado Señor, ayúdame a esparcir Tu fragancia donde quiera que vaya./ Inunda mi alma de Tu espíritu y Tu vida./ Penetra y posee todo mi ser/ hasta tal punto que toda mi vida sólo sea una emanación de la tuya./ Brilla a través de mí,/ y mora en mí de tal manera/ que todas las almas que entren en contacto conmigo/ puedan sentir Tu presencia en mi alma./ Haz que me miren y ya no me vean a mí/ sino solamente a ti, oh Señor./ Quédate conmigo/ y entonces comenzaré a brillar como brillas Tú;/ a brillar para servir de luz a los demás./ La luz, oh Señor, irradiará toda de ti,/ no de mí;/ serás Tú, quien ilumine a los demás a través de mí./ Permíteme pues alabarte de la manera que más te gusta,/ brillando para quienes me rodean./ Haz que predique sin predicar,/ no con palabras sino con mi ejemplo,/ por la fuerza contagiosa,/ por la influencia de lo que hago,/ por la evidente plenitud del amor que te tiene mi corazón. Amén.

LETANÍA DEL SANTO NOMBRE DE JESÚS

Señor, ten piedad de nosotros.
Cristo, ten piedad de nosotros.
Señor, ten piedad de nosotros.
Cristo, óyenos.
Cristo, benignamente óyenos.
Dios, Padre celestial,
TEN PIEDAD DE NOSOTROS.

Dios Hijo, Redentor del mundo,
Dios Espíritu Santo,
Santísima Trinidad, un solo Dios,
Jesús, hijo del Dios vivo,
Jesús, esplendor del Padre,
Jesús, pureza de la luz eterna,
Jesús, rey de la gloria,
Jesús, sol de justicia,
Jesús, hijo de la Virgen María,
Jesús, amable,
Jesús, admirable,
Jesús, Dios fuerte,
Jesús, padre del siglo futuro,
Jesús, mensajero del plan divino,
Jesús, todopoderoso,
Jesús, pacientísimo,
Jesús, obedientísimo,
Jesús, manso y humilde de corazón,
Jesús, amante de la castidad,
Jesús, amador nuestro,
Jesús, Dios de paz,
Jesús, autor de la vida,
Jesús, modelo de virtudes,
Jesús, celoso de la salvación de las almas,
Jesús, nuestro Dios,

Jesús, nuestro refugio,
Jesús, padre de los pobres,
Jesús, tesoro de los fieles,
Jesús, pastor bueno,
Jesús, verdadera luz,
Jesús, sabiduría eterna,
Jesús, bondad infinita,
Jesús, camino y vida nuestra,
Jesús, alegría de los ángeles,
Jesús, rey de los patriarcas,
Jesús, maestro de los apóstoles,
Jesús, doctor de los evangelistas,
Jesús, fortaleza de los mártires,
Jesús, luz de los confesores,
Jesús, pureza de las vírgenes,
Jesús, corona de todos los santos,
Senos propicio... perdónanos, Jesús.
Senos propicio... escúchanos, Jesús.
De todo mal,

LÍBRANOS, JESÚS.

De todo pecado,
De Tu ira,
De las asechanzas del demonio,
Del espíritu impuro,
De la muerte eterna,
Del menosprecio de Tus inspiraciones,
Por el misterio de Tu santa encarnación,
Por Tu natividad,
Por Tu infancia,
Por Tu divinísima vida,
Por Tus trabajos,
Por Tu agonía y Pasión,

Por Tu cruz y desamparo,
Por Tus sufrimientos,
Por Tu muerte y sepultura,
Por Tu resurrección,
Por Tu ascensión,
Por Tu institución de la santísima Eucaristía,
Por Tus gozos,
Por Tu gloria,
Cordero de Dios, que quitas los pecados del mundo...
perdónanos, Jesús.
Cordero de Dios, que quitas los pecados del mundo...
escúchanos Jesús.
Cordero de Dios, que quitas los pecados del mundo...
ten piedad de nosotros, Jesús.
Jesús, óyenos.
Jesús, benignamente óyenos.

OREMOS

Oh, Señor Jesucristo, que dijiste: pedid y recibiréis, buscad y hallaréis, llamad y se os abrirá, concede, te pedimos, a nosotros Tus suplicantes, el don de Tu divinísimo amor, para que podamos amarte con todo nuestro corazón y en todas nuestras palabras y obras, y que nunca cesemos de alabarte.

Oh Señor, danos un perpetuo temor y amor de Tu Santo Nombre, para que nunca ceses de gobernar a los que fundaste sobre la solidez de Tu amor, Tú que vives y reinas por los siglos de los siglos. Amén.

Lunes

«Si hay pobres en la luna, iremos allí también». *M.T.*

La fecundidad espiritual y apostólica de nuestra Sociedad dependerá de

- nuestra deliberada elección de los medios humildes y sencillos en el cumplimiento de nuestra misión;
- nuestra gozosa fidelidad a las modestas obras entre los más pobres de los pobres, que viene de vivir la absoluta humillación de Cristo, que nos lleva a identificarnos con los pobres a los que servimos,
- compartir su pobreza y su destino hasta que nos duela;
- nuestra completa dependencia de la Providencia de Dios para todas nuestras necesidades. *Const.*

ORACIÓN INICIAL

Te alabamos y adoramos, Divina Providencia.

Nos entregamos enteramente a todos Tus justos y santos designios.

OREMOS

Dios Eterno,/ Tus ojos están sobre todas Tus obras,/ especialmente atentos a Tus siervos,/ aparta de nosotros todo lo dañino y concédenos todo lo que nos convenga, /que mediante Tu favor/ y bajo la benigna influencia de Tu especial Providencia/ podamos pasar con seguridad a través de los peligros y dificultades transitorias de esta vida/ y felizmente arribar a los gozos eternos de la venidera. Por Cristo nuestro Señor. Amén.

ORACIÓN ANTES DE SALIR A TRABAJAR

Amado Señor, el Gran Sanador, me postro ante ti, puesto que todo don perfecto debe provenir de ti. Te ruego le des destreza a mis manos, clara visión a mi mente, bondad y mansedumbre a mi corazón. Dame sinceridad de propósito, fuerza para levantar una parte del peso de mis semejantes que sufren, y verdadera convicción del privilegio que me ha tocado. Quita de mi corazón todo engaño y mundanalidad de manera que, con la fe sencilla de un niño, pueda yo confiar en ti. Amén.

LETANÍA DEL ESPÍRITU SANTO

Señor, ten piedad de nosotros.
Cristo, ten piedad de nosotros.
Señor, ten piedad de nosotros.
Cristo, óyenos.
Cristo, benignamente óyenos.
Dios, el Padre celestial,

TEN PIEDAD DE NOSOTROS.

Dios, el Hijo, Redentor del mundo,
Dios, el Espíritu Santo,
Santo Espíritu, que procedes del Padre y el Hijo,
Santo Espíritu, igual al Padre y al Hijo,
Promesa del Padre, amoroso y magnánimo,
Don del Dios Altísimo,
Rayo de luz celestial,
Autor de todo bien,
Fuente de agua viva,
Fuego consumidor,
Ardiente amor,
Unción espiritual,
Espíritu de verdad y poder,
Espíritu de sabiduría y entendimiento,

Espíritu de consejo y fortaleza,
Espíritu de conocimiento y piedad,
Espíritu del temor del Señor.

Espíritu de contrición y arrepentimiento,
Espíritu de gracia y de oración,
Espíritu de caridad, paz y gozo,
Espíritu de paciencia, longanimidad y bondad,
Espíritu de benignidad, continencia y castidad,
Espíritu de adopción de los hijos de Dios,
Espíritu Santo, Consolador,
Espíritu Santo, Santificador
Quien en el principio se movía sobre las aguas,
Por cuya inspiración hablaron los santos hombres de Dios,
Que colaboró en la milagrosa concepción del Hijo de Dios,
Que descendió sobre Él en Su bautismo,
Que en el día de Pentecostés apareció
como lenguas de fuego sobre los discípulos
de nuestro Señor,
Por quien también somos nacidos,
Que habita en nosotros,
Que gobierna la Iglesia,
Que llena todo el mundo,
Espíritu Santo, escúchanos.
Que escribas Tu ley en nuestros corazones,

TE SUPLICAMOS NOS OIGAS.

Que derrames Tu luz en nuestros corazones,
Que nos inflames con el fuego de Tu amor,
Que abras para nosotros los tesoros de Tu gracia,
Que nos enseñes a pedir por ellos según Tu voluntad,
Que nos ilumines con Tus inspiraciones celestiales,
Que nos conduzcas por el camino de Tus mandamientos,
Que nos guardes para ti por Tu poderosa atracción,

Que nos concedas el conocimiento que solo sea necesario,
Que nos hagas obedientes a Tus inspiraciones,
Que nos enseñes a orar, y Tú mismo ores con nosotros.
Que nos revistas de amor hacia nuestros hermanos,
Que nos inspires de horror al mal,
Que nos dirijas en la práctica del bien,
Que nos des la gracia de todas las virtudes,
Que nos hagas perseverar en la justicia,
Que seas Tú nuestra sempiterna recompensa.
Cordero de Dios, que quitas los pecados del mundo,
líbranos, Señor.
Cordero de Dios, que quitas los pecados del mundo,
óyenos benignamente, Señor.
Cordero de Dios, que quitas los pecados del mundo,
ten piedad de nosotros, Señor.
Santo Espíritu, óyenos.
Santo Espíritu, benignamente óyenos.
Señor, ten piedad de nosotros.
Cristo, ten piedad de nosotros.
Crea en nosotros un corazón limpio, oh Dios,
Y renueva un espíritu recto en nosotros.

OREMOS

Concédenos, oh Padre Misericordioso, que Tu divino Espíritu pueda iluminar, inflamar y limpiar nuestros corazones, que Él pueda penetrar en nosotros con Su rocío celestial y hacernos fructíferos en buenas obras, mediante Jesucristo, nuestro Señor. Amén.

Martes

«Hagamos de nuestra sociedad algo hermoso para Dios». *M.T.*

Como Misioneras de la Caridad debemos ser:

- portadoras del amor de Dios, prestas a acudir sin dilación, como María, en busca de las almas; . . .

- almas consumidas por un deseo, Jesús, guardando continuamente Sus intereses en nuestros corazones y mentes, llevando a nuestro Señor a lugares por donde Él no ha caminado antes;

- intrépidas en hacer las cosas que Él hizo y atravesar valientemente el peligro y la muerte con Él y para Él; . . .

- prestas siempre a ir a cualquier parte del mundo en cualquier momento, respetar y apreciar las costumbres que nos son ajenas de otras personas, sus condiciones de vida y su idioma, y dispuestas a adaptarnos si fuere necesario y cuando fuere necesario. *Const.*

ORACIÓN INICIAL

Santos ángeles, nuestros abogados,
Santos ángeles, nuestros hermanos,
Santos ángeles, nuestros consejeros,
Santos ángeles, nuestros defensores,
Santos ángeles, nuestros iluminadores, } Rogad por
Santos ángeles, nuestros amigos,   nosotros
Santos ángeles, nuestros guías,
Santos ángeles, nuestros ayudadores,
Santos ángeles, nuestros intercesores
Cordero de Dios, etc., (3 veces)

Oh Santos ángeles,/ guardianes de los pobres confiados a nuestro cuidado,/ interponed vuestra intercesión por ellos y por nosotros./ Obtened de Dios que corone Su obra bendiciendo nuestros esfuerzos,/ para que podamos promover Su mayor honor y gloria al procurar la salvación de los que servimos./ Mediante Jesucristo nuestro Señor. Amén.

LETANÍA DE LA HUMILDAD

Señor, ten piedad de nosotros.
Cristo, ten piedad de nosotros.
Señor, ten piedad de nosotros.
Cristo, óyenos.
Cristo, benignamente óyenos.
Dios, el Padre celestial,

TEN PIEDAD DE NOSOTROS.

Dios, el Hijo, Redentor del mundo,
Dios, El Espíritu Santo,
Santa Trinidad, un solo Dios,
Jesús, manso y humilde de corazón,
Haz nuestros corazones como el tuyo.
Del deseo de ser lisonjeado

LÍBRAME, JESÚS.

Del deseo de ser alabado,
Del deseo de ser honrado,
Del deseo de ser aplaudido,
Del deseo de ser preferido a otros,
Del deseo de ser consultado,
Del deseo de ser aceptado,
Del temor de ser humillado,
Del temor de ser despreciado,
Del temor de ser reprendido,

Del temor de ser calumniado,
Del temor de ser olvidado,
Del temor de ser puesto en ridículo,
Del temor de ser injuriado,
Del temor de ser juzgado con malicia,
Que otros sean más estimados que yo,
JESÚS, DAME LA GRACIA DE DESEARLO.

Que otros crezcan en la opinión del mundo y yo me eclipse,
Que otros sean alabados y de mí no se haga caso,
Que otros sean empleados en cargos y a mí se me juzgue inútil,
Que otros sean preferidos a mí en todo,
Que los demás sean más santos que yo con tal de que yo sea todo lo
santo que pueda ser.
Cordero de Dios, que quitas los pecados del mundo,
líbranos, Señor.
Cordero de Dios, que quitas los pecados del mundo,
óyenos benignamente, Señor.
Cordero de Dios, que quitas los pecados del mundo,
ten piedad de nosotros, Señor.

OREMOS

Señor Jesucristo, que dijiste: pedid y recibiréis, buscad y hallaréis, llamad y se os abrirá, concede, te rogamos, a nosotros Tus suplicantes, los dones de tu divino amor, para que podamos amarte con todo nuestro corazón y en todas nuestras palabras y obras, y nunca cesar de alabarte.

Oh, Señor, danos un perpetuo temor así como amor de Tu Santo Nombre, para que Tú nunca ceses de gobernar lo que fundaste sobre la solidez de tu amor, Tú que vives y reinas por los siglos de los siglos. Amén.

Miércoles

El llamado de Cristo a dar un servicio gratuito y DE TODO CORAZÓN a los más pobres de los pobres. DE TODO CORAZÓN significa:

- con corazones ardientes de fervor y amor por las almas;
- con devoción sincera, totalmente arraigadas en nuestra profunda unión con Dios en oración y amor fraterno;
- que les demos no sólo nuestras manos para servir, sino nuestros corazones para amar con bondad y humildad;
- enteramente a disposición de los pobres;
- trabajo duro sin calcular el costo. *Const.*

ORACIÓN INICIAL

Glorioso San José,/ te rogamos humildemente, por el amor y cuidado que tuviste para Jesús y María,/ que tomes nuestros asuntos, espirituales y temporales, en tus manos./ Oriéntalos a la mayor gloria de Dios,/ y obtén para nosotros la gracia de hacer Su santa voluntad. Amén.

ORACIÓN POR LA PAZ

Señor, hazme instrumento de Tu paz.
Donde hay odio, que yo siembre amor;
donde hay injuria, perdón;
donde hay discordia, unión;
donde hay duda, fe;
donde hay error, verdad;
donde hay desaliento, esperanza;
donde hay tristeza, alegría;
donde hay sombras, luz.
Oh, divino Maestro, concédeme

que no busque ser consolado, sino consolar;
ser comprendido, sino comprender;
ser amado, sino amar;
porque es dando que recibimos;
perdonando que Tú nos perdonas;
y muriendo en ti que nacemos a la vida eterna. Amén.

LETANÍA DE SAN JOSÉ

Señor, ten piedad de nosotros.
Cristo, ten piedad de nosotros.
Señor, ten piedad de nosotros.
Cristo, óyenos.
Cristo, benignamente óyenos.
Dios, el Padre celestial,

TEN PIEDAD DE NOSOTROS.

Dios, el Hijo, Redentor del mundo,
Dios, el Espíritu Santo,
Santa Trinidad, un solo Dios,
Santa María,

RUEGA POR NOSOTROS.

San José,
Ilustre vástago de David,
Luz de los patriarcas,
Esposo de la Madre de Dios,
Custodio de la Virgen,
Padre adoptivo del Hijo de Dios,
Solícito defensor de Cristo,
Jefe de la Sagrada Familia,
José justo,
José casto,

José prudente,
José fuerte,
José obediente,
José fiel,
José pobre,
José paciente,
Modelo de los trabajadores,
Ejemplo de amor al hogar,
Amparo de las familias,
Consuelo de los que sufren,
Esperanza de los enfermos,
Abogado de los moribundos,
Protector de la Santa Iglesia,

Cordero de Dios, que quitas el pecado del mundo.
Perdónanos, Señor.
Cordero de Dios, que quitas el pecado del mundo.
Escúchanos, Señor.
Cordero de Dios, que quitas el pecado del mundo.
Ten piedad de nosotros.

OREMOS

Oh Dios, que has querido elegir a San José para esposo de Tu Madre Santísima: te rogamos nos concedas, pues le veneramos como protector en la tierra, que merezcamos tenerle por intercesor en el cielo: Tú que vives y reinas por los siglos de los siglos. Amén.

Jueves

Cristo llama a dar un servicio GRATUITO y de todo corazón a los más pobres de los pobres. GRATUITO significa:

- gozosamente y con entusiasmo;
- abiertamente y sin temor;
- dar gratis lo que gratis hemos recibido;
- sin aceptar ninguna remuneración en dinero o en especie;
- sin procurar ninguna recompensa o gratitud. *Const.*

ORACIÓN INICIAL

Señor Jesús,/nuestro Dios y Salvador,/ creemos que Tú estás presente en este sacramento de Tu amor,/ un memorial de Tu muerte y resurrección,/ un signo de unidad y un vínculo de caridad./ En Tu humanidad, Tú velaste Tu gloria, desapareciste aún más en la Eucaristía,/ para ser partido,/ para convertirte en alimento de los hombres./ Señor Jesús,/ danos la fe y la fortaleza para morir a nosotros mismos/ a fin de convertirnos en una cosecha para ti,/ de manera que Tú puedas seguir a través de nosotros/ dando vida a los hombres./ Que nuestras mentes siempre estén llenas de ti,/ la promesa de nuestra gloria futura. Amén.

ORACIÓN DE TAIZÉ

Oh Dios, Padre de cada ser humano,
Tú pides a todos que llevemos el amor
Allí donde los pobres son humillados,
La alegría allí donde la Iglesia se encuentra abatida,
La reconciliación allí donde los humanos están divididos,
El padre con su hijo,
La madre con su hija,
El marido con su esposa,
El creyente con aquel que no puede creer,

El cristiano con su hermano cristiano no amado.
Tú nos abres ese camino para que el Cuerpo desmembrado
de Jesucristo, Tu Iglesia, sea fermento
de comunión
para los pobres de la tierra
y para toda la familia humana.
Oración compuesta por la Madre Teresa y el hermano Roger.

LETANÍA AL SAGRADO CORAZÓN DE JESÚS

Señor, ten piedad de nosotros.
Cristo, ten piedad de nosotros.
Señor, ten piedad de nosotros.
Cristo, óyenos.
Cristo, benignamente óyenos.
Dios, el Padre celestial,

TEN PIEDAD DE NOSOTROS.

Dios, el Hijo, Redentor del mundo,
Dios, el Espíritu Santo,
Santa Trinidad, un solo Dios,
Corazón de Jesús, Hijo del Eterno Padre,
Corazón de Jesús, formado en el seno de la Virgen Madre por el
Espíritu Santo,
Corazón de Jesús, unido sustancialmente al Verbo de Dios,
Corazón de Jesús de infinita majestad,
Corazón de Jesús, templo santo de Dios,
Corazón de Jesús, tabernáculo del Altísimo,
Corazón de Jesús, casa de Dios y puerta del cielo,
Corazón de Jesús, horno ardiente de caridad,
Corazón de Jesús, santuario de la justicia y del amor,
Corazón de Jesús, lleno de bondad y de amor,
Corazón de Jesús, abismo de todas las virtudes,
Corazón de Jesús, digno de toda alabanza,

Corazón de Jesús, Rey y centro de todos los corazones,
Corazón de Jesús, en quien se hallan todos los tesoros
de la sabiduría y de la ciencia,
Corazón de Jesús, en quien reside toda la plenitud de la divinidad,
Corazón de Jesús, en quien el Padre se complace,
Corazón de Jesús, de cuya plenitud todos hemos recibido,
Corazón de Jesús, deseado de los eternos collados,
Corazón de Jesús, paciente y lleno de misericordia,
Corazón de Jesús, generoso para todos los que te invocan,
Corazón de Jesús, fuente de vida y santidad,
Corazón de Jesús, propiciación por nuestros pecados,
Corazón de Jesús, herido por nuestros pecados,
Corazón de Jesús, hecho obediente hasta la muerte,
Corazón de Jesús, traspasado por una lanza,
Corazón de Jesús, fuente de todo consuelo,
Corazón de Jesús, vida y resurrección nuestra,
Corazón de Jesús, paz y reconciliación nuestra,
Corazón de Jesús, víctima por los pecadores,
Corazón de Jesús, salvación de los que en ti esperan,
Corazón de Jesús, esperanza de los que en ti mueren,
Corazón de Jesús, delicia de todos los santos.
Cordero de Dios, que quitas el pecado del mundo.
Perdónanos, Señor.
Cordero de Dios, que quitas el pecado del mundo.
Escúchanos, Señor.
Cordero de Dios, que quitas el pecado del mundo.
Ten piedad de nosotros.

OREMOS

Oh Dios todopoderoso y eterno, mira el corazón de tu amantísimo Hijo, las alabanzas y las satisfacciones que en nombre de los pecadores te ofrece, y concede el perdón a estos que piden misericordia en el nombre de Tu mismo Hijo, Jesucristo, el cual vive y reina contigo por los siglos de los siglos. Amén.

Viernes

Cristo llama a dar un SERVICIO gratuito y de todo corazón a los más pobres de los pobres. SERVICIO significa:

- una labor incesante y sincera al ponernos a disposición de Jesús de manera que Él pueda vivir, en nosotros y a través de nosotros, Su vida de amor infinitamente tierno, compasivo y misericordioso por aquellos que, espiritual y materialmente, son los más pobres de los pobres. Debemos ser puros de corazón para ver a Jesús en los más pobres de los pobres. Por tanto, cuanto más repugnante el trabajo, o cuanto más desfigurada o deformada la imagen de Dios en la persona, tanto más grande será nuestra fe y nuestra amorosa devoción al buscar el rostro de Jesús y ministrarle a Él enmascarado en el sufrimiento. *Const.*

ORACIÓN INICIAL

Sagrado Corazón de Jesús, humildemente nos postramos ante ti./ Venimos a renovar nuestra consagración, con la resolución de reparar,/con un aumento del amor y la fidelidad a ti,/ todos los ultrajes con que incesantemente te ofendemos./ Firmemente nos proponemos:

Cuanto más tus misterios sean blasfemados, tanto más firmemente los creeremos, / ¡oh, Sagrado Corazón de Jesús!

Cuanto más se esfuerce la impiedad en extinguir nuestras esperanzas de inmortalidad, tanto más confiaremos en tu Corazón,/ ¡única esperanza de los mortales!

Cuantos más corazones se resistan a tu atracción divina, tanto más te amaremos,/ ¡oh, infinitamente amable Corazón de Jesús!

Cuanto más tu divinidad sea atacada, tanto más la adoraremos, ¡oh, divino Corazón de Jesús!

Cuanto más Tus santas leyes sean olvidadas y transgredidas, tanto más las observaremos, / ¡oh Santísimo Corazón de Jesús!

Cuanto más tus sacramentos sean despreciados y abandonados, tanto más los recibiremos con amor y respeto,/ ¡oh, generosísimo Corazón de Jesús!

Cuanto más se olviden tus adorables virtudes, tanto más nos empeñaremos en practicarlas,/ ¡oh Corazón, modelo de todas las virtudes!

Cuanto más el demonio se esfuerce en destruir almas, tanto más nos inflamará el deseo de salvarlas,/ ¡oh, Corazón de Jesús, celoso amante de las almas!

Cuanto más tienda el orgullo y la sensualidad a destruir la abnegación y el amor al deber, tanto más generosos seremos al vencernos a nosotros mismos,/ ¡oh, Corazón de Jesús!

Sagrado Corazón,/ danos una gracia tan firme y poderosa que podamos ser tus apóstoles en medio del mundo,/ y tu corona en una feliz eternidad. Amén.

ANIMA CHRISTI

Alma de Cristo, santifícame.
Cuerpo de Cristo, sálvame.
Sangre de Cristo, embriágame.
Agua del costado de Cristo, lávame.
Pasión de Cristo, confórtame.
¡Oh, buen Jesús, óyeme!
Dentro de tus llagas, escóndeme.
No permitas que me aparte de ti.
Del maligno enemigo, defiéndeme.
En la hora de mi muerte, llámame.
Y mándame ir a ti.
Para que con tus santos te alabe.
Por los siglos de los siglos. Amén.

LETANÍA DE LA PASIÓN DE NUESTRO SEÑOR

Señor, ten piedad de nosotros.
Cristo, ten piedad de nosotros.
Señor, ten piedad de nosotros.
Cristo, óyenos.
Cristo, benignamente óyenos.
Dios, el Padre celestial,
TEN PIEDAD DE NOSOTROS.

Dios, el Hijo, Redentor del mundo,
Dios, el Espíritu Santo,
Santa Trinidad, un solo Dios,
Jesucristo, que por nuestra redención descendiste del cielo
TEN PIEDAD DE NOSOTROS.

Jesucristo, que naciste de la gloriosa Virgen María,
Jesucristo, que por nosotros tomaste forma de siervo,
Jesucristo, que fuiste acostado en el pesebre,
Jesucristo, que no desdeñaste llorar como un pecador,
Jesucristo, que maceraste tu cuerpo con hambre y sed,
Jesucristo, que por nosotros continuaste orando,
hasta el sudor de sangre;
Jesucristo, que sufriste Tú mismo el ser traicionado
por un beso de Judas,
Jesucristo, que fuiste aprendido y derribado al suelo.
Jesucristo, que sufriste ser conducido con las manos atadas
a la espalda.
Jesucristo, que fuiste llevado ante los principales sacerdotes
y acusado falsamente,
Jesucristo, que fuiste golpeado en la cara con bofetadas y azotes,
Jesucristo, que fuiste ultrajado con diversos insultos,
Jesucristo, que fuiste entregado a Pilato,
Jesucristo, que fuiste atado a la columna y flagelado,
hasta derramar sangre,

Jesucristo, a quien los soldados vistieron con un manto púrpura,
Jesucristo, que fuiste coronado con duras y punzantes espinas,
Jesucristo, que tan a menudo oíste esas crudelísimas palabras:
fuera con Él, crucifícalo,
Jesucristo, que estando cansado y agobiado,
llevaste el duro madero de la Cruz,
Jesucristo, que siendo alzado sobre la Cruz,
fuiste hecho el compañero de unos ladrones.
Jesucristo, que teniendo las manos y los pies clavados a la Cruz,
fuiste blasfemado por los transeúntes,
Jesucristo, cuyo hermoso rostro se volvió como el de un leproso,
Jesucristo, que oraste a tu Padre por los que te crucificaron,
y benignamente escuchaste al ladrón en la Cruz,
Jesucristo, que recomendaste tu amantísima madre a San Juan,
Jesucristo, que fuiste traspasado por una lanza y redimiste
al mundo con tu sangre,
Jesucristo, que fuiste colocado en un sepulcro,
Jesucristo, que resucitaste de los muertos al tercer día,
Jesucristo, que cuarenta días después ascendiste al cielo,
Jesucristo, que te sientas a la diestra del Padre,
Jesucristo, que vendrás a juzgar a los vivos y a los muertos.

Cordero de Dios, que quitas el pecado del mundo.
Perdónanos, Señor.
Cordero de Dios, que quitas el pecado del mundo.
Escúchanos, Señor.
Cordero de Dios, que quitas el pecado del mundo.
Ten piedad de nosotros.
Cristo, óyenos.
Cristo, benignamente óyenos.
Señor, ten piedad de nosotros.
Cristo, ten piedad de nosotros.
Señor, ten piedad de nosotros.
Padre nuestro…

OREMOS

Te suplicamos, Señor Jesucristo, que la Bendita Virgen María pueda interceder por nosotros con Tu clemencia, tanto ahora como en la hora de nuestra muerte, ella que en la hora de Tu Pasión sintió su santísima alma traspasada con una espada de dolor. Amén

Sábado

SERVICIO significa también: servicio inmediato y efectivo a los más pobres de los pobres mientras no tengan a nadie que los ayude. Alimentar al hambriento

- no sólo con comida, sino también con la Palabra de Dios; dando de beber al sediento
- no sólo agua, sino conocimiento, paz, verdad, justicia y amor; vistiendo al desnudo
- no sólo con ropa, sino también con dignidad humana; dándole abrigo a los desamparados
- no sólo un albergue hecho de ladrillos, sino un corazón que comprende, que arropa, que ama; asistiendo a los enfermos y moribundos
- no sólo del cuerpo, sino también de la mente y el espíritu. *Const.*

ORACIÓN INICIAL

Corazón de María,/ corazón de la más tierna de las madres,/ causa de nuestro gozo,/ nos consagramos sin reservas a ti,/ nuestros corazones, nuestros cuerpos, nuestras almas;/ deseamos pertenecerte, en vida y en muerte./ Tú sabes, Madre Inmaculada, que tu Divino Hijo nos ha elegido en Su infinita misericordia,/ a pesar de nuestra miseria y pecaminosidad,/ no sólo como Sus hijos y Sus cónyuges/ sino también como Sus víctimas,/ para consolar Su Corazón Divino en el Sacramento de Su amor,/ para expiar por los sacrilegios,/ y para obtener perdón para los pobres pecadores./ Venimos hoy a ofrecerle, a través de tu purísimo corazón,/ el sacrificio total de nosotros mismos./ Por nuestra propia y libre elección renunciamos a todos los deseos e inclinaciones de nuestra naturaleza corrupta,/ y aceptamos voluntaria y amorosamente cualquier sufrimiento que a Él le plazca enviarnos./ Pero conscientes de nuestra debilidad,/ te imploramos,/ oh, Santa Madre, nos ampares con tu protección maternal/ y obtengas de tu Divino Hijo todas las gracias que necesitamos para perseverar./ Bendice nuestra sociedad, esta casa, y las casas que visitamos,/ y cada alma confiada a nuestro cuidado,/ que todas nuestras relaciones, nuestros amigos y benefactores puedan perseverar en la gracia o recobrarla si la hubieren perdido, y cuando llegue la hora de la muerte,/ puedan nuestros corazones, moldeados en tu Inmaculado Corazón,/ exhalar su último suspiro en el Corazón de tu Divino Hijo./ Amén

ORACIÓN DE PABLO VI

Haznos dignos, Señor, de servir a nuestros semejantes que, en todas partes del mundo,/ viven y mueren en pobreza y en hambre./ Dales mediante nuestras manos, en este día, su pan de cada día/ y, por nuestro amor comprensivo, paz y gozo./

LETANÍA DE NUESTRA SEÑORA

Señor, ten piedad de nosotros.
Cristo, ten piedad de nosotros.
Señor, ten piedad de nosotros.
Cristo, óyenos.
Cristo, benignamente óyenos.
Dios, Padre celestial,
TEN PIEDAD DE NOSOTROS.

Dios Hijo, Redentor del mundo,
Dios Espíritu Santo,
Santa Trinidad, un solo Dios,

Santa María,
RUEGA POR NOSOTROS.

Santa Madre de Dios,

Santa Virgen de las vírgenes,
Madre de Cristo,
Madre de la Iglesia,
Madre de la Divina Gracia,
Madre purísima,
Madre castísima,
Madre virginal,
Madre sin mancha,
Madre inmaculada,
Madre amable,
Madre admirable,
Madre del buen consejo,
Madre del Creador,

Madre del Salvador,
Virgen prudentísima,
Virgen digna de veneración,
Virgen digna de alabanza,
Virgen poderosa,
Virgen clemente,
Virgen fiel,
Espejo de justicia,
Trono de sabiduría,
Causa de nuestra alegría,
Vaso espiritual,
Vaso digno de honor,
Vaso insigne de devoción,
Rosa mística,
Torre de David,
Torre de marfil,
Casa de oro,
Arca de la alianza,
Puerta del cielo,
Estrella de la mañana,
Salud de los enfermos,

Refugio de los pecadores,
Consuelo de los afligidos,
Auxilio de los cristianos,
Reina de los Ángeles,
Reina de los Patriarcas,
Reina de los Profetas,
Reina de los Apóstoles,
Reina de los Mártires,
Reina de los Confesores,
Reina de las Vírgenes,
Reina de todos los Santos,
Reina concebida sin pecado original,
Reina elevada al cielo,
Reina del Santísimo Rosario,
Reina de la Familia,
Reina de la paz,

Cordero de Dios, que quitas los pecados del mundo.
Perdónanos, Señor
Cordero de Dios, que quitas los pecados del mundo.
Escúchanos, Señor
Cordero de Dios, que quitas los pecados del mundo.
Ten piedad de nosotros
Ruega por nosotros, Santa Madre de Dios
Para que seamos dignos de alcanzar las promesas
de nuestro Señor Jesucristo.

OREMOS

Te suplicamos, Señor, que derrames Tu gracia en nuestras almas para que los que, por el anuncio del Ángel, hemos conocido la Encarnación de tu Hijo Jesucristo, seamos llevados, por su Pasión y Cruz, a la gloria de Su Resurrección, por el mismo Jesucristo nuestro Señor. Amén.

Meditación para el fin del retiro

¿QUIÉN ES JESÚS PARA MÍ?

Esto es Jesús para mí:
La Palabra hecha carne,
El Pan de vida
La víctima ofrecida por nuestros pecados en la Cruz.
El sacrificio ofrecido en la Santa Misa por los pecados del mundo
y los míos.
La Palabra: para ser hablada.
La Verdad: para ser dicha.
La Luz: para ser encendida.
La Vida: para ser vivida.
El Amor: para ser amado.
El Gozo: para ser compartido.
El Sacrificio: para ser ofrecido.
La Paz: para ser dada.
El Pan de Vida: para ser comido.
El Hambriento: para alimentarlo.
El Sediento: para saciarlo.
El Desnudo: para vestirlo.
El Desamparado: para recogerlo.
El Enfermo: para curarlo.
El Solitario: para amarlo.
El Indeseado: para quererlo.
El Leproso: para lavarle las llagas.
El Mendigo: para darle una sonrisa.
El Borracho: para escucharlo.
El Retardado: para protegerlo.
El Pequeñito: para abrazarlo.
El Ciego: para conducirlo.

El Mudo: para hablar por él.
El Lisiado: para caminar con él.
El Drogadicto: para amistarse con él.
La Prostituta: para sacarla del peligro y amistarse con ella.
El Preso: para visitarlo
El Anciano: para servirlo.

Para mí Jesús es mi Dios.
Jesús es mi Esposo.
Jesús es mi Vida.
Jesús es mi único Amor.
Jesús es mi Todo en todos.
Jesús es mi totalidad.

Fuentes

Primer diálogo	Discurso del Premio Nobel, 10 de diciembre de 1979.
Segundo diálogo	Berlín, 8 de junio de 1981 (fragmentos en *SAV* *495*).
Tercer diálogo	Iglesia de St. James, Londres, 7 de julio de 1981.
Cuarto diálogo	Reunión de los Colaboradores Seglares, St. Paul, Minnesota, junio de 1986.
Quinto diálogo	Asamblea General de las Naciones Unidas, Nueva York, NY, 16 de octubre de 1986, en el estreno del documental de Petrie Production *Madre Teresa* (fragmentos en *SAV* 491-92).
Sexto diálogo	Reunión Internacional de los Colaboradores Seglares, París, 12 de mayo de 1988.
CoW-N	*Co-Workers Newsletter,* Boletín de los Colaboradores Seglares de la Madre Teresa en América (se publica dos veces al año).
Const.	Constituciones de las Misioneras de la Caridad, Calcuta, 1988.
GFG	Madre Teresa de Calcuta: *A Gift for God, Prayers and Meditations*. San Francisco: Harper and Row, 1975.
LIS	Spink, Kathryn, ed. *Mother Teresa: Life in the Spirit, Reflections, Meditations and Prayers*. San Francisco: Harper and Row, 1983.

LWB — Gorree, Georges, and Jean Barbier, *Love Without Boundaries*. Huntington, Indiana: Our Sunday Visitor, 1974.

MBMS — Mosteller, Sister Sue. *My Brother, My Sister*. New York: Paulist Press, 1972.

MDV — Collins, Alice. *My Daily Visitor*. Huntington, Indiana: Our Sunday Visitor, 1978.

MLFP — Balado-González, José Luis, y Janet N. Playfoot, eds. *My Life for the Poor*. San Francisco: Harper and Row, 1985.

SAV — Egan, Eileen. *Such a Vision of the Street, Mother Teresa—The Spirit and the Work*. New York: Doubleday-Image Books, 1986.

SBFG — Muggeridge, Malcolm. *Something Beautiful for God*. New York: Harper and Row, 1971.

SOMT — Balado-González, José Luis. *Stories of Mother Teresa—Her Smile and Her Words*. Liguori, Missouri: Liguori Publications, 1983.

TGLC — McGovern, James. *To Give the Love of Christ*. New York: Emmaus Books, Paulist Press, 1978.

WDI — Le Joly, Edward, S.J. *We Do It for Jesus—Mother Teresa and Her Missionaries*. London: Darton, Longman and Todd, 1977.

WTLB — Mother Teresa. *Words to Love By*. Notre Dame, Indiana: Ave Maria Press, 1983.

Los textos bíblicos han sido tomados de la edición española de la Biblia de Jerusalén. Editorial Desclée De Brouwer, S.A. — Bilbao, 1998.

COLABORADORES DE LA MADRE TERESA
ENLACE NACIONAL EN EE.UU.

ED Y DOROTHY BAROCH
2026 CRESTMONT DRIVE
MOSES LAKE
WASHINGTON 98837
EE.UU.

MIS PALABRAS

❦ Mis palabras ❧